产业基础年度发展报告

（2022—2023）

国家产业基础专家委员会
中国工程院战略咨询中心 编著

電子工業出版社
Publishing House of Electronics Industry
北京·BEIJING

内 容 简 介

本书系统总结了我国 2022—2023 年产业基础发展的情况，分析重点领域产业基础发展情况，总结集成电路、工业软件等领域产业基础能力提升的典型经验和做法，结合美国国家工业基础能力建设经验，研究提出在国际竞争新格局中产业基础发展面临的新机遇、新挑战，以及技术发展新趋势，分析提出产业基础高级化的阶段目标任务，梳理近年来重点地区开展产业基础高级化的进展和主要政策。

本书可供政府部门、制造业企业和研究机构为工业领域的政策制定、管理决策和咨询提供参考，也可供高等院校相关专业师生及其他对工业发展感兴趣的读者阅读。

图书在版编目（CIP）数据

产业基础年度发展报告. 2022—2023 / 国家产业基础专家委员会，中国工程院战略咨询中心编著. -- 北京 : 电子工业出版社，2025. 4. -- ISBN 978-7-121-32121-4

Ⅰ. F426.4

中国国家版本馆 CIP 数据核字第 20257FW472 号

责任编辑：雷洪勤　　文字编辑：韩玉宏　　特约编辑：刘艳华
印　　刷：北京捷迅佳彩印刷有限公司
装　　订：北京捷迅佳彩印刷有限公司
出版发行：电子工业出版社
　　　　　北京市海淀区万寿路 173 信箱　邮编：100036
开　　本：720×1 000　1/16　印张：13.5　字数：302.4 千字
版　　次：2025 年 4 月第 1 版
印　　次：2025 年 4 月第 1 次印刷
定　　价：268.00 元

凡所购买电子工业出版社图书有缺损问题，请向购买书店调换。若书店售缺，请与本社发行部联系，联系及邮购电话：（010）88254888，88258888。

质量投诉请发邮件至 zlts@phei.com.cn，盗版侵权举报请发邮件至 dbqq@phei.com.cn。

本书咨询联系方式：leihq@phei.com.cn。

前 言

自 2014 年以来，工业和信息化部提出了“工业基础”的概念，将解决产业基础薄弱问题提上日程。2019 年，党中央、国务院提出要打好产业基础高级化和产业链现代化攻坚战，确立了产业基础这一国家战略的地位。经过多年来全社会的共同努力，产业基础能力得到加强、地位显著提高、支撑能力不断提升、政策体系日趋完善，产业基础从“认知”走到“共识”。

2023 年我国产业基础主营业务收入为 12.83 万亿元，占制造业总体规模的 9.63%。基础领域产品质量可靠性和稳定性达到了新的高度，企业间、产学研用间合作机制更加成熟，形成了更加紧密的创新联合体，加速了新材料、新工艺、新技术的研发与应用，有效推动科技成果的快速转化。随着“卡脖子”技术攻关的不断深入，一系列长期制约我国高端装备和重大工程发展的关键技术和核心产品取得了突破性进展，在航空航天、高速铁路、新能源汽车、智能制造等关键领域，国产基础零部件和基础材料的自给率显著提升，增强了产业链安全性和自主可控能力。

从国际上来看，全球产业结构和布局深度调整，全球供应链体系的稳定性逐渐被削弱，美国主导的全球化正在走向全球产业链脱钩，美国及其同盟国试图重构全球产业链供应链体系，降低中国在全球产业链供应链系统中的地位。地缘冲突也促使全球资源供给从稳定向趋紧转变，原材料价格波动增加了制造业中下游企业的成本压力。大国竞争和博弈日益加剧，发达国家加速先进制造业回流，其他新兴经济体加速工业化进程，中国新工业发展升级，必然会对老牌和新兴制造业强国的利益造成竞争和挤压效应，因此西方主要制造业强国与美国组建“小圈子”式同盟体系来遏制中国发展。

新质生产力是符合新发展理念、助推中国式现代化的先进生产力质态。从“十五五”开始，我国产业基础高级化要从基础产品和技术突破向能力建设转变，即开展正向设计能力、生产制造能力、检测检验能力、质量控制能力、用户需求理解能力、人才梯队能力等六大基础能力建设，打造高效、创新和具备竞争力的产业体系，为我国科技进步和创新发展提供坚实支撑。

全书分四篇，共十六章。其中：

综合篇包括四章，对我国产业基础高级化进展、当前的机遇与挑战，以及新质生产力对产业基础提出的更高要求进行系统的分析和总结，并提出提升产业基础能力的路径。

国际篇包括两章，介绍美国国防工业发展历史，并对美国发展国防工业的主要做法进行总结。

重点领域篇包括八章，围绕仪器仪表、工程机械、建筑材料、环保装备、家电领域、工业软件、发电装备、高端医疗装备等重点领域，分析“五基”产品和技术进展、竞争趋势和主要动向、年度热点事件、重点企业，并提出主要措施建议。

地方篇包括两章，重点分析了上海市产业基础发展概况，以及在产业基础高级化推进过程中的典型经验。

希望本书能够为政府部门、产业界、学术界人士提供参考。鉴于产业基础涉及重点领域多、产品和技术覆盖面广，本书的研究和编写难免有欠妥和疏忽之处，欢迎广大读者批评指正。

目 录

第一篇 综合篇——中国产业基础发展概况

第二篇 国际篇——美国

第三篇 重点领域篇

第四篇　地方篇——上海市

第一篇

综合篇

——中国产业基础发展概况

第一章

我国产业基础高级化进展

一、总体概况

自2014年“工业基础”提出以来，10年间在全社会的共同努力下，我国产业基础高级化工作成效明显，一大批产业基础领域的产品谱系成功突破“卡脖子”问题，实现自主可控，部分产品谱系达到国际领先水平，为制造强国建设打下了更加坚实的基础。

2020—2023年我国产业基础主营业务收入逐年递增，由9.4万亿元增长到12.8万亿元。2023年，我国规模以上工业企业实现营业收入133.44万亿元，实现了制造业总体规模连续14年位居全球第一，其中，产业基础占比达到9.63%。

二、基础零部件与元器件

基础零部件与元器件是制造业的关键基础，直接决定产品的性能、水平、质量和可靠性。本次研究采用《国民经济行业分类》(GB/T 4754—2017)的划分标准，同时结合基础零部件与元器件的定义，从中挑选出常用的和亟待解决的重点方向，并参考专家意见，选择了“泵、阀门、压缩机及类似机械制造(344)，轴承、齿轮和传动部件制造(345)，通用零部件制造(348)，微特电机及组件制造(3813)，电力电子元器件制造(3824)，光纤制造(3832)，光缆制造(3833)，电子器件制造(387)和电子元件及电子专用材料制造(398)”等9项，形成了基础零部件与元器件的统计口径。

如图1-1所示，2020—2023年我国基础零部件与元器件主营业务收入分别为4.30万亿元、4.42万亿元、5.73万亿元、6.42万亿元，呈现持续上涨的趋势。其中，2022年的增长率更是高达29.64%。同时，如图1-2所示，2020—2023年我国基础零部件与元器件主营业务收入在工业营业收入中的占比也由2020年的3.97%上涨至2023年的4.81%。

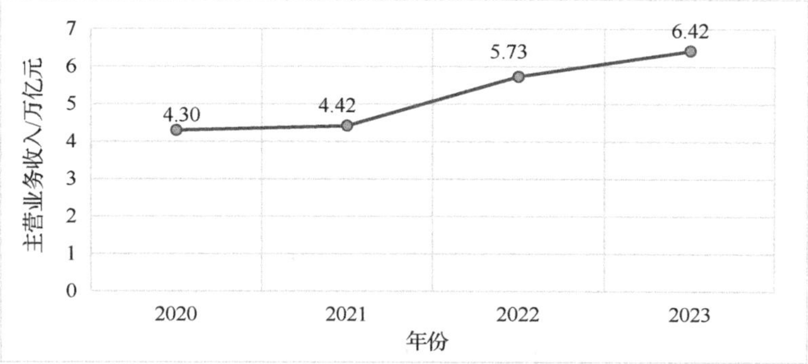

图1-1 2020—2023年我国基础零部件与元器件主营业务收入

我国基础零部件与元器件产业规模持续增长，不断推动重大项目落地。光梓信息科技(上海)有限公司自主研制的基于CMOS工艺的高灵敏度系统SoC芯片，突破了大规模探测器阵列、高光电转换效率、高分辨率飞行时间数字化、背景光与噪声消除及系统级SoC集成等关键技术，填补了我国车载激光雷达芯片的空白。艾因蒂克检测科技(上海)股份有限公司自主研制的高频压电复合材料和基于此材料的高频二维面阵列超声传感器，结合电子聚集扫查技术，实现了焊点的无损检测，可满足针对汽车智能制造等领域无损检测的迫切需求。

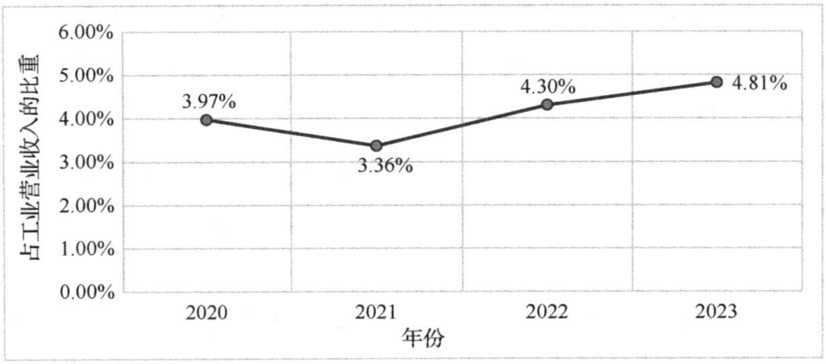

图 1-2　2020—2023 年我国基础零部件与元器件主营业务收入占工业营业收入的比重

三、基础材料

基础材料的发展是产业链供应链自主可控的重要基础。因基础材料涉及范围广，故本次选择了具有优异性能的结构材料和有特殊功能的新材料领域进行深入研究，采用了战略性新兴产业分类（2018）中对新材料产业的划分标准，主要包含“先进钢铁材料、先进有色金属材料、先进石化化工新材料、先进无机非金属材料、高性能纤维及制品和复合材料、前沿新材料、新材料相关服务”等 7 类。该分类与基础材料定义基本符合，如建筑材料包含先进钢铁材料，金属材料包含先进有色金属材料，化工材料包含先进石化化工新材料，无机非金属材料包含先进无机非金属材料，纤维材料包含高性能纤维及制品和复合材料，前沿新材料与电子信息材料和新能源材料相符，并在此基础上增加了新材料相关服务，据此形成了基础材料的统计口径。

如图 1-3 所示，2020—2023 年我国基础材料主营业务收入分别为 2.52 万亿元、2.64 万亿元、2.84 万亿元、2.89 万亿元，呈现持续上涨的趋势。其中，2022 年的增长率达 7.58%。同时，我国基础材料主营业务收入占工业营业收入比重如图 1-4 所示。

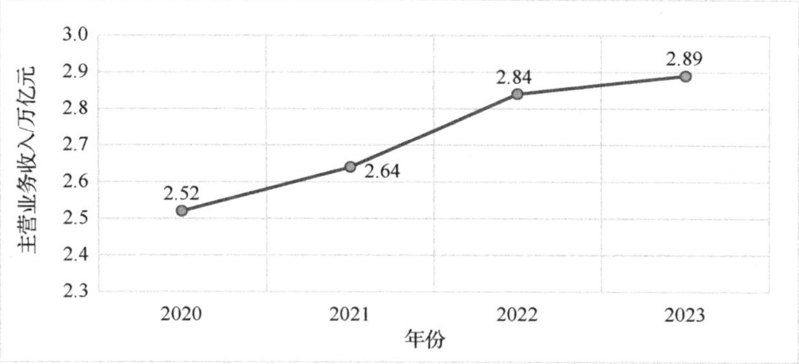

图 1-3　2020—2023 年我国基础材料主营业务收入

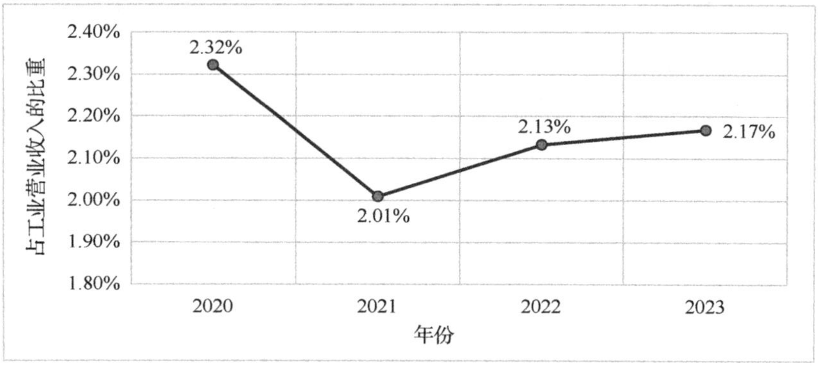

图 1-4　2020—2023 年我国基础材料主营业务收入占工业营业收入的比重

为进一步突破材料产业起步晚、底子薄、基础弱、在整体产业链中仍受制于人的境况，上海材料研究所有限公司攻克的 CAP1000 和“国和一号”三代核电工程蒸汽发生器支撑用铜合金材料及球铰产品，全流程贯通了材料生产制备、球铰设计与加工制造、产品可靠性台架试验考核各环节的关键核心技术，打破了国外的技术壁垒。宝山钢铁股份有限公司研制成功的海洋工程用 Q690 级高强钢及应用技术，钢板性能指标、生产制造及性能稳定性、工程应用及服役性能均达到国际先进水平。

四、基础工艺及制造装备

基础工艺及制造装备是先进高端装备的重要支撑。鉴于工艺附着于装备上，其考察及衡量离不开相关装备，因此此次研究结合专家意见，聚焦于制造装备的分类标准，对照《国民经济行业分类》（GB/T 4754—2017）的分类，挑选出具有一定规模且需要重点发展的制造装备，包括“金属工具制造（332），金属加工机械制造（342），工业机器人制造（3491），特殊工业机器人制造（3492），增材制造装备制造（3493），建筑材料生产专用机械制造（3515），冶金专用设备制造（3516），化工、木材、非金属加工专用设备制造（352），食品、饮料、烟草及饲料生产专用设备制造（353），印刷、制药、日化及日用品生产专用设备制造（354），纺织、服装和皮革加工专用设备制造（355）及电子和电工机械专用设备制造（356）”等 12 项，基本涵盖了常用基础制造装备，形成了基础工艺及制造装备的统计口径。

如图 1-5 所示，2020—2023 年我国基础工艺及制造装备主营业务收入分别为 1.77 万亿元、1.88 万亿元、2.31 万亿元、2.32 万亿元，整体呈现持续上涨的趋势，年平均增长率为 9.44%。同时，如图 1-6 所示，2020—2023 年我国基础工艺及制造装备主营业务收入占工业营业收入的比重也由 2020 年的 1.64%上涨至 2023 年的 1.74%。

我国基础工艺及制造装备领域规模持续增长。我国首个万吨级 48K 大丝束碳纤维工程第一套国产线在中国石化上海石化碳纤维产业基地投料开车，并生产出合格产品，成功打破了我国碳纤维生产和装备长期受制于人的不利局面。上海联合滚动轴承有限公司通过自主研发，成功攻克了精密轨道交通轴箱轴承设计及制造关键技术，形成了批量化高精度轨交、铁路轴承加工制造能力，打破了国外在精密轨道交通轴箱轴承方面的技术垄断。

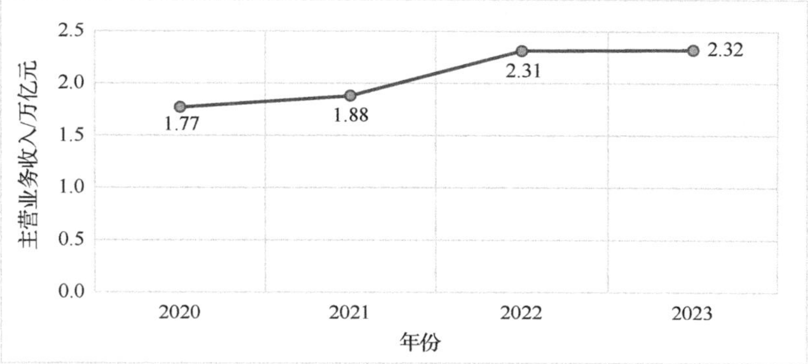

图 1-5　2020—2023 年我国基础工艺及制造装备主营业务收入

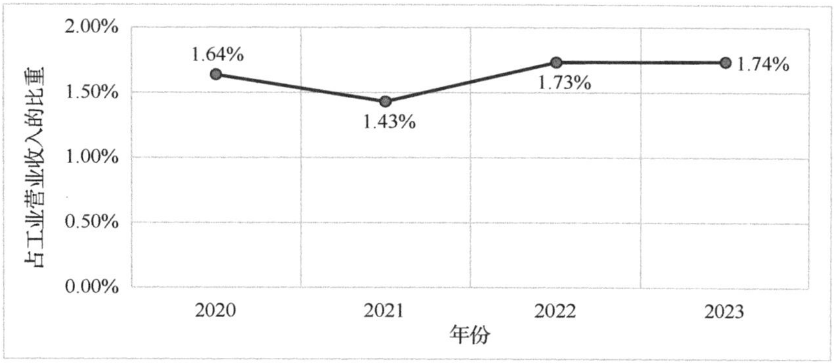

图 1-6　2020—2023 年我国基础工艺及制造装备
主营业务收入占工业营业收入的比重

五、工业基础软件

工业基础软件是整个现代工业发展的重要支撑，也是我国产业基础中较为薄弱的一环。本书中指的工业基础软件，指专用于或主要用于工业领域，为提高工业企业研发、制造、生产管理水平和工业管理性能的软件。工业基础软件的划分标准采用工业和信息化部运行监测协调局的分类标准，分为“产品研发设计类软件、生产控制类软件及业务管理类软件”3 类。

2023 年，我国软件产品总体收入 2.9 万亿元，同比增长 11.1%。其中，工业基础软件产品实现收入 0.282 万亿元，同比增长 12.3%。如图 1-7 所示，2020—2023 年我国工业基础软件主营业务收入逐年递增，由 0.197 万亿元增长到 0.282 万亿元，增长率达 43.15%。同时，如图 1-8 所示，2020—2023 年我国工业基础软件主营业务收入占工业营业收入比重由 2020 年的 0.18%上涨至 2023 年的 0.21%。

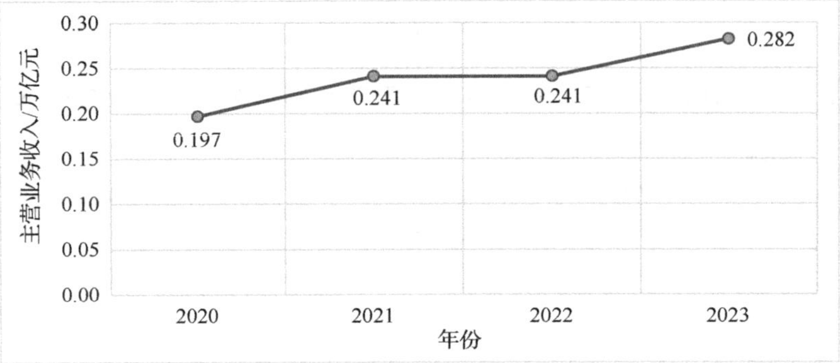

图 1-7　2020—2023 年我国工业基础软件主营业务收入

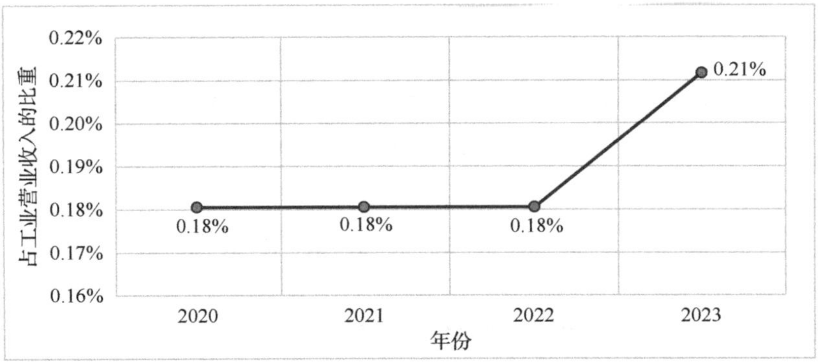

图 1-8　2020—2023 年我国工业基础软件主营业务收入占工业营业收入的比重

近年来，我国积极推动工业基础软件国产化进程，逐步加强工业基础软件的自主研发能力。中电金信软件有限公司建立起一套能支撑商业银行全域基础业务运行、完成预适配的业务系统群，并陆续完成技术中台、数据中台、业务中台、AI 基础平台等建设。上海新时达电气股份有限公司自主开发的工业机器人驱控一体化系统及驱控一体化软硬件平台，明显提升了机器人控制系统、伺服系统、软件系统等关键部件的技术水平，可实现高水平的进口替代。

六、产业技术基础

产业技术基础是保障产业基础领域相关技术的支撑服务体系。产业技术基础包括共性技术基础与质量技术基础，质量技术基础指工业与技术协同发展所需的质量基础设施，以及标准规范、认证认可、计量仪器、检测检验仪器等。考虑到数据的可获得性，本书聚焦于仪器仪表，采用《国民经济行业分类》（GB/T 4754—2017）中“仪器仪表制造业”的划分标准，选取了“通用仪器仪表制造（401）、专用仪器仪表制造（402）及光学仪器制造（404）”3 项。

如图 1-9 所示，2020—2023 年我国产业技术基础主营业务收入分别为 0.689 万亿元、0.755 万亿元、0.898 万亿元、0.926 万亿元，整体呈现持续上涨的趋势。其中，2020 年增长率更是高达 18.91%。同时，如图 1-10 所示，2020—2023 年我国产业技术基础主营业务收入占工业营业收入的比重由 2020 年的 0.64%上涨至 2023 年的 0.69%。

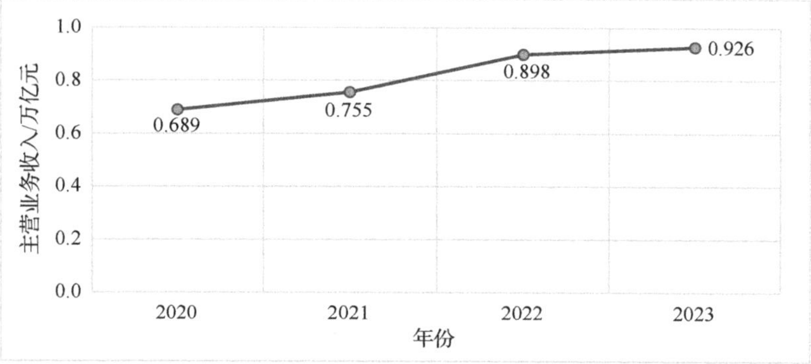

图 1-9　2020—2023 年我国产业技术基础主营业务收入

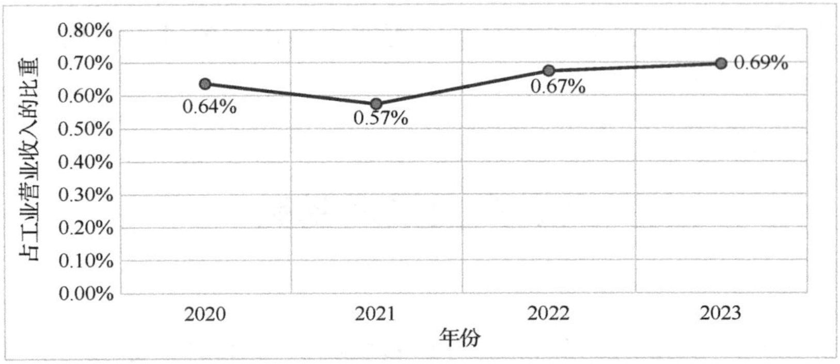

图 1-10　2020—2023 年我国产业技术基础主营业务收入占工业营业收入的比重

我国产业技术基础不断夯实。上海东软医疗科技有限公司成功研发实时全光纤数字化分布式谱仪，打破了国外企业在磁共振核心部件技术领域的垄断地位，改变了磁共振行业高端谱仪普遍依赖进口的局面。上海复宏汉霖生物技术股份有限公司攻克了我国抗体药物早期细胞培养上游环节的核心技术，突破了抗体药物发展的瓶颈，打破了国外企业垄断的局面，加速推进了国内生物医药行业的发展进程。

第二章

机遇与挑战

一、国内外社会经济环境错综复杂

当前，世界进入新的动荡变革期，国际环境错综复杂，全球产业结构和布局深度调整，全球供应链体系的稳定性逐渐被削弱，美国主导的全球化正在走向全球产业链脱钩，美国及其同盟国试图重构全球产业链供应链体系，以降低中国在全球产业链供应链体系中的地位。地缘冲突也促使全球资源供给从稳定向趋紧转变，原材料价格波动增加了制造业中下游企业的成本压力。大国竞争和博弈日益加剧，发达国家加速先进制造业回流，其他新兴经济体加速工业化进程，中国新工业发展升级，必然会对老牌和新兴制造业强国的利益形成竞争和挤压效应，迫使这些西方主要制造业强国与美国组建“小圈子”式同盟体系来应对中国的发展挑战。加之，世界经济仍待复苏，我国工业发展面临的外贸出口难度加大。我国新工业发展中一些关键核心技术仍然受制于人，部分关键元器件、零部件、原材料依赖进口，产业基础薄弱，产业体系完整性、先进性、安全性面临极大威胁，尤其是美国针对我国先进制造业的遏制打压不断升级，大搞“小院高墙”，不择手段“卡脖子”“使绊子”，企图将我国产业摁在价值链中低端。

从国际比较看，大国经济的特征都是内需为主导、内部可循环。就国内而言，当今经济发展仍然是以投资拉动为主体，消费日益成为拉动工业发展的基础性力量。2023 年，我国社会消费品零售总额达到了 47.1 万亿元，固定资产投资规模达到 50.3 万亿元，内需对经济增长的贡献率达到了 111.4%。而当前国内大循环存在堵点，国内需求市场还没有振兴起来，需求不足是当前新工业发展面临的突出矛盾。从供给端看，首先是产能方面，2023 年的四个季度，工业产能利用率分别为 74.3%、74.5%、75.6%和 75.9%，工业需求不足，导致工业产能利用率虽逐季回升，但仍存在恢复空间，工业企业去库周期尚未结束。其次是价格方面，工业需求不足导致工业产品价格仍在下降，2023 年全年，工业生产者出厂价格比上年下降 3.0%，工业企业利润持续回落，企业经营面临困难，小微企业压力较大，企业家信心不足。从需求端看，首先是消费方面，受基数效应影响，内生动力不足，有效消费需求收缩，2023 年 CPI 总体在低位运行。居民就业压力大、失业率高，收入不振、预期减弱，导致消费能力和消费愿望双双下降。其次是投资方面，受预期不稳、企业惜金观望等影响，2023 年民间固定资产投资 25.35 万亿元，比上一年下降 0.4%。分区域看，东部地区民间投资情况相对较好，而中部、西部、东北地区的民间投资增长相对较弱，民间投资占比从 2022 年的 54.2%下降为 2023 年的 50.4%。

二、以人工智能为代表的第四次工业革命

当前，新工业革命在全球深入推进，以数字技术为代表的科技进步对传统产业、传统经济规律、传统分工格局带来颠覆式的影响。同时，各国在减排上达成共识，形成工业化的基本约束，产生巨大

的绿色化生产需求。相较于一些发达国家，我国在相对较低的发展水平上开始数字化和绿色化转型，经过长期持续探索形成了工业发展的有效路径——新型工业化，只有走新型工业化道路才能应对巨大挑战并把握战略机遇。

新型工业化有着新的内涵，指以新发展理念为指引，以自主创新为驱动力，以保障国防经济安全为底线，以高端化智能化绿色化为方向，以人工智能为赋能工具，以市场化法治化国际化为保障，提高企业微观核心竞争力，创造高附加值利润，为人民群众提供丰富的物质供给，为宏观经济稳定奠定基础，为中国式现代化构筑强大物质技术基础。新型工业化的“新”主要体现在五个方面：新形势、新理念、新技术、新能源、新方法。新型工业化具有六大新特征：自主创新、数实融合、高端绿色智能、协调协同、现代产业体系和安全。新型工业化既不走过度强调以出口为导向的外向型发展老路，更不走脱离世界的封闭之路。面对逆全球化抬头的国际环境，中国的新型工业化要扩大开放，利用好两个市场、两种资源，构建以国内大循环为主体、国内国际双循环相互促进的新发展格局，打造内外循环的分工体系。

第四次工业革命是数据的革命，数字技术将全方位、全角度、全链条赋能社会经济与工业发展。新型工业化是数字智能的工业化。其中，人工智能是当下全球科技竞争的焦点。基于日趋成熟的物联网技术，大量数据得以被实时获取，大数据为机器学习提供了数据资源及算法支撑，而云计算则为人工智能提供了灵活的计算资源。这些新一代信息技术的有机结合，为人工智能技术奠定了基础，也推动其不断发展。人工智能技术的“车轮”滚滚向前，人工智能大模型迈向规模应用，人工智能已经成为重塑全球竞争新格局的关键引擎之一。

2023 年，我国人工智能核心产业规模近 6000 亿元，相关企业数量超过 4400 家，产业链覆盖芯片、算法、数据、平台、应用等上下游关键环节，细分领域不断突破，已具备深入赋能的能力。“人工智能+”的提出为发展数字经济、推进数实融合指明了新路径。“人工智能+新工业”改变了工业生产模式和经济形态，提高了生产效率，降低了生产成本，实现了个性化定制，提升了产业国际竞争力。从为生产线设计的最新工具，到应用于产业链的解决方案，人工智能的应用贯穿于设计、生产、管理和服务等制造业的各个环节。人工智能与工业生产的大规模深度融合还需要时间，要把握机遇，以人工智能和制造业深度融合为主线，以智能制造为主攻方向，以场景应用为牵引，加快重点行业智能升级，大力发展智能产品，高水平赋能工业制造体系。

第三章

新质生产力对产业基础提出了更高要求

一、新质生产力的内涵与特征

新质生产力是由技术革命性突破、生产要素创新性配置、产业深度转型升级而催生的当代先进生产力，其以产业为主要载体，以创新为核心引擎，以劳动者、劳动资料、劳动对象及其优化组合的质变为基本内涵，具有高科技、高效能、高质量的特征，是符合新发展理念、助推中国式现代化的先进生产力质态。其中，高科技指新质生产力颠覆性的创新能够代表全球产业和科技的最新发展方向；高效能指新质生产力能够带来更高的生产效率；高质量指新质生产力能够满足人民日益增长的美好生活需要。

从外部环境分析，全球正在经历新一轮的科技革命与产业变革，能源、人工智能、生物医药等领域的颠覆性技术不断涌现，技术创新正在重塑世界格局。我国坚持以自身新发展为全球创造新机遇，做世界增长的动力源，并积极引领新质生产力，为全球发展注入强劲动力，同时在新赛道、新领域的国际竞争中赢得更多的战略主动权。

随着我国经济发展进入新时代，对生产力的传统理解已不能完全满足现阶段社会主要矛盾的变化和经济高质量发展的要求。新质生产力是基于对经济发展新特征的深刻认识和对我国经济实践的总结，是对传统生产力概念的扩展和深化，是满足国内高质量发展的现实需要，是提振信心、优化产业结构、践行绿色发展、促进内部消费的关键。

二、新质生产力对劳动者的新要求

随着全球产业的加剧变革，传统以手工或简单机械操作为主的生产模式已经无法满足现代产业的发展需求。与传统以重复劳动为主的普通技术工人不同，新质生产力要求劳动者能够充分利用现代技术、适应现代高端先进设备、具有知识快速迭代能力。能够灵活应用新科技、新工具、新方法的劳动者，成为产业发展的先驱者和创新的主要来源，通常情况下他们拥有更强的学习能力、更好的教育水平。面对复杂的技术设备和生产流程，新质生产力要求新型劳动者不仅要理解相关的技术原理，还要能进行创新性的应用和优化，以充分适应智能化、数字化的现代工作环境。

在当今快速变化的产业环境中，新型劳动者正成为推动基础领域技术革新的核心力量。培养和壮大新型劳动者队伍，建立健全教育培训体系，提供全面的技术、理论与实践知识，打造劳动者终身学习的环境，推动劳动者适应快速更迭变化的工作要求，是加快培育发展新质生产力的关键。企业和政府机构需要持续发力，通过政策引导、资金支持、激励机制，全面促进劳动者的技能提升和职业发展，为产业基础领域新质生产力发展持续注入创新活力。

三、产业基础领域的新型劳动资料

在新质生产力要求下，人工智能催生的算力和算法、新型基础设施等将成为产业基础领域的新型劳动资料，是推动产业基础高级化的关键力量。伴随着数字化智能化的深入推进，工业互联网对算力的需求不断攀升，算力在不同产业应用时需要适应多样化的应用场景。2023 年，我国算力总规模达到每秒 1.97 万亿亿次浮点运算，位居全球第二；我国第三代自主超导量子计算机“本源悟空”成功上线运行，智能算力发展加码布局取得了一定成效。中国电信开发的算力分发网络平台“息壤”能够在全国范围内实现每分钟数万次的算力统筹和调度，中国移动携手多个超算中心、智算中心和云服务商发布多类型、大规模、全覆盖的“百川”算力并网平台，推动我国算力网络向灵活优质深度发展。

新型基础设施作为新型劳动资料的重要组成部分，在产业基础高级化中发挥着关键作用。新型基础设施的建设和完善，为算力的应用提供了有力支撑，从更高性能的计算机到更完备的算力基础设施，从我国“东数西算”到“陆数海算”部署，产业基础领域正迎来新的发展机遇。一方面，新质生产资料的应用将加速传统产业的改造升级，推动战略性新兴产业的巩固壮大，为产业发展注入新的活力。另一方面，新型基础设施的建设将进一步完善产业链，提高产业协同效率，推动产业基础领域的整体提升。

四、产业基础领域的新型劳动对象

随着数字化、网络化、智能化时代的到来，劳动对象的形态和内涵发生了深刻变革，为产业发展注入新活力。产业基础领域的新型劳动对象，既包括新能源和新材料等传统的物质形态，也涵盖数据和信息等非物质形态的劳动对象，正成为驱动新质生产力发展的关键因素。

大数据、人工智能快速发展，信息资源成为新质生产力要求下的关键劳动对象。信息资源不仅是传统劳动对象数智化的体现，还代表了劳动对象领域的扩展，具备非竞争性、非排他性、非稀缺性等特性，在时间和空间上具备高灵活性，为降低生产成本、提高生产效率、创造更高价值提供了更多的可能性，推动生产力本身向新质阶段跃升，释放更大的生产力效能。

新质生产力对劳动者、劳动资料、劳动对象三要素都提出了更高的要求。新一轮科技革命孵化出一大批新科技、新技术，推动生产资料向智能、高效、绿色进一步发展，提高了劳动复杂性的同时也解放了劳动者，有力促进了生产效率的进一步提升。在三大生产力要素都发生了“由量变到质变”这一背景下，产业基础领域需推动整合创新科技资源，在创新、技术、信息、资本等多维度之间形成有效互动和优化配置，在进一步提高经济效益的同时，有效提升产业基础能力。随着市场需求的不断升级，人们需要突破传统产业边界，根据新质生产力要素特点，适应科技创新范式变革、模式重构的新需求。从跨界融合和产业链协同的角度出发，使技术和资源跨领域整合，不仅推动了产业技术的创新，同时促进了产业链的升级延展，是引领发展战略性新兴产业和未来产业的关键。

第四章

提升产业基础能力的路径

在全球化竞争日益激烈的背景下，提升产业基础能力是推动经济高质量发展、保障国家安全的关键，有助于推动产业结构优化升级。“十五五”开始，我国产业基础高级化要从基础产品和技术突破向能力建设转变，如图 1-11 所示，提升产业基础能力的路径，即增强正向设计能力、提升生产制造能力、加强检测检验能力、增强质量控制能力、深化用户需求理解能力、壮大人才梯队能力等六大基础能力，打造高效、创新和具备竞争力的产业体系，为我国科技进步和创新发展提供坚实支撑。

图 1-11　提升产业基础能力的路径

一、增强正向设计能力，从需求出发优化产品研发流程

在发动机、机床、汽车制造、航空航天制造等装备制造业领域，我国在追赶发达制造业国家的初期阶段广泛采用逆向工程，通过对装备机械的实物反推图纸、反推设计、反推需求，最终形成完整的生产制造流程。这一策略在短时间内有效提高了技术水平，缩短了研发周期。然而，伴随着技术升级迭代与机械装备的复杂化、集成化，逆向工程的局限性逐渐凸显。由于逆向工程跳过了产品设计过程中的需求工程、产品功能定义与分解、系统设计等重要阶段，不能充分满足精益生产的需要，同时限制了后续创新、瓶颈突破和配套管理设施完善等各方面的进步和发展。因此，为激活企业创新动能，有效推动产业链供应链的自主和完整，促进新兴产业的快速发展，应全面推广正向设计流程，为装备制造业实现自主创新、增强国际竞争力奠定坚实的基础。

正向设计是指从用户需求出发，自上而下地分解和细化复杂产品的功能，制定产品功能结构、子系统和零部件解决方案，形成能够批量生产、稳定运行的商业化产品，从产品全生命周期的各个阶段提供支持。正向设计能力使企业基于用户需求和市场趋势进行新产品开发，促进技术创新和产品多样性，使产品功能和产品柔性化设计更加贴合市场和用户的实际需求，提升生产线快速适应市场变化的能力；通过系统分析和功能分解迭代更新产品设计，有助于企业建立持续创新机制，为企业长期发展和企业品牌价值树立提供动力。

正向设计促进产业基础各领域技术革新和产业体系现代化。正向设计有效确保基础零部件和元器件从装备设计阶段，即根据应用需求进行安装，增强了零部件与其他系统和部件的兼容性，从机理和系统的角度出发，实现了“卡脖子”技术与产品的可替代性；有

利于加深对基础材料应用需求的理解，开发更适合特定应用需要的创新材料，并针对特定使用场景优化耐高温、耐腐蚀、高强度等材料性能；推动基础工艺全面创新，向高效率、低成本方向不断优化；正向设计促使工业基础软件开发紧密围绕硬件特性和应用需求，实现硬件与软件的深度融合，提升整体系统性能，支持产业数字化、智能化的升级转型；推动产业链供应链中各环节的紧密合作，打造具备更高自主性和安全性的产品，是产业基础领域实现技术追赶与技术创新、全面提高竞争力和管理能力、掌握未来国际市场话语权的关键。

为增强产业基础领域的正向设计能力，应推广基础领域工程化推进模式。从应用场景和实际需求出发，组建工程项目组，打通企业、公共服务平台、供应链、产业链信息资源共享渠道，将理论研究与实际应用相结合，确保技术研发与工程实践同步进行。通过系统工程理论，对产品设计过程进行分解和定义，确保从需求收集到系统验证的每一步都具备明确目标和高效执行路径，对工程建设进行全方位、多层次、高效、精准的设计、规划、生产制造、精益优化，从源头解决“卡脖子”问题，全面提升产业基础高级化水平。

建立产业链上下游企业长期合作机制。加强产业链各环节间的长期合作与交流，共同推进技术创新和产品开发，实现资源的有效配置和优化。大力推进产业基础领域重点产业链“链长制”，增强“链主型”企业的带动力，有效牵引上下游企业补链、延链、强链的同时，依据正向设计思路建设打通产业链，推动新兴产业的诞生和发展，布局新一代信息技术、高端装备、先进材料、高端化工、生物医药等前瞻性战略性产业链，完善产业谱系，深度嵌入全球产业链的同时实现创新突破，掌握国际供应链资源选择的主动权。

加强共性技术和试验数据的积累与传播。建立公共数据平台，推动共性信息共享和技术交流，专门设立部门或团队收集、整理、存储共性试验数据，鼓励研究人员充分利用数据库，结合大模型、人工智能等技术手段深入分析试验数据，集中力量推动技术突破，缩短正向设计过程的研发周期和交付时间，为后续创新提供数据样本。

建立高效的行业试验体系。建立符合行业标准的试验场地，配置试验设备、仪器和辅助设施，开发试验数据采集、处理、分析的模拟软件，制定试验流程标准与规范，为正向设计提供可靠的实验验证平台。通过模拟实际使用环境进行系统测试，及时发现并解决产品设计中的问题，确保产品能够稳定运行，满足新技术或新产品产业化的要求。帮助企业对接专家团队对试验过程、结果进行定期评估，响应市场需求持续优化升级。

加强正向研发活动的全过程政策保障。政府和相关部门应出台相关政策，为正向研发活动提供全过程的政策支持和保障。为技术创新和产品开发提供资金支持、优化知识产权保护机制、提供税收减免等措施，帮助企业降低创新风险，鼓励企业加大研发投入，采取正向设计思路，实现技术创新突破。

二、提升生产制造能力，推动基础产品生产企业数字化、网络化、智能化改造

近年来，虽然我国在产业基础领域推出相关政策支持、加大资金投入力度，稳步提升产业基础能力，但从生产制造能力的角度出发，我国产业基础发展仍存在以下不足：个别核心基础零部件长期受制于发达国家；个别关键领域的基础材料存在“无材可用、有材不好用、好材不敢用”现象；基础工艺和制造装备的质量和性能需要进一步提高，并加强自主可控能力。

这些问题的产生，既受历史因素的制约，也受现实情况的影响。第一，我国生产制造长期依赖技术引进，形成了“重生产轻技术”的惯性，导致产业基础的底子不厚、基础不牢。第二，缺乏完善的试错机制，工程化向产业化迈进的“最后一公里”难以打通。从市场环境的角度出发，由于产业生态不完善，科研成果产业化应用和工业化开发的成本高、难度大，基础产品的推广路径不通畅，制约

了技术的进步。第三，产业基础能力的提升是复杂的系统工程，需要多方协同合作，不能仅依靠某一领域、某一技术、某一环节来实现。第四，国际局势复杂，全球基础产业的竞争日渐加剧。基础领域是我国产业升级的主要方面，同时也是发达国家固守优势的核心阵地，需要具备技术前瞻性的研究部署和政策部署，抢占未来产业基础领域发展高地。

加强关键核心技术和重要短板攻关，提升产业链供应链韧性和安全水平。党的二十大报告提出，要着力提升产业链供应链韧性和安全水平。在影响产业链供应链安全水平的因素中，关键核心技术和“卡脖子”短板环节的突破至关重要。中央经济工作会议强调，加快推进现代化产业体系建设，聚焦于制造业核心产业链，识别关键核心技术和零部件薄弱环节，集中优质资源共同攻关，以确保产业体系的自主可控和安全可靠，从而保障国民经济的良性循环。当前以及未来的一段时期，必须以创新作为提升产业链供应链韧性和安全水平的重要手段，坚持以应用带创新、以创新促应用，加强企业主导的产学研深度融合，提高科技成果转化和产业化水平，促进创新链、人才链和产业链深度融合，着力打通产业化的“最后一公里”。

大力发展智能制造装备，推动人工智能、数字孪生等技术创新应用。自 2015 年至今，我国智能制造发展取得了长足进步，但与高质量发展的要求相比，仍存在适配性不高、创新能力不强、应用深度广度不够、专业人才缺乏等问题。全球新一轮的科技革命和产业变革为制造业智能化、高端化、绿色化发展提供了历史机遇，在推进智能制造的过程中，应当强化以下三点：一是突出系统观念，长期坚持、分步实施这一项持续演进、迭代提升的系统工程；二是突出问题导向，针对我国智能制造发展仍存在的突出性问题采取切实有效的解决方案；三是突出融合发展，发挥产业链供应链“链主”的牵引作用，带动上下游企业融通发展，同步开展智能化改造，从而推动产业链供应链深度互联和协同响应。

三、加强检测检验能力，保障产品质量与安全性能

检测检验能力是国家质量基础设施的组成部分，也是“五基”中产业技术基础的关键要素，是产业基础能力提升的重要保障，具有较强通用性和外部性，支撑多个产业或领域发展，对整个产业的技术水平、发展质量和生产效率具有带动作用。作为供给侧赋能工具，检测检验能力在推动产业升级方面具有“四两拨千斤”的作用，在实现重要产业安全可控与健全要素市场运行机制的过程中发挥着极其重要的作用。随着人工智能、大数据、云计算等新技术发展与应用，检测检验技术加快升级，有力地促进了战略性新兴产业、传统优势产业及现代服务业的产业升级。“十四五”时期，国内外形势发生了深刻变化，我国已转向高质量发展阶段，持续推进产业基础高级化、产业链现代化对检测检验能力提出了更高要求。

当下，我国检测检验赋能产业基础能力提升存在几个问题：一是检测检验行业总体上呈现“小散弱”面貌，品牌影响力不大，市场竞争力弱。96.3%的检测检验机构属于“小微企业”，还没有一家检测检验机构进入世界排名前20位，也没有一个国际知名的检测检验品牌。二是检测检验能力与产业发展不匹配，供给能力不适应需求。70%的检测检验机构的业务以消费品检测为主，为重大装备产业、高新技术产业和高端服务行业提供高端检测服务的能力不足。检测检验仪器设备供给质量也有待提高。三是基础研究薄弱，关键核心技术匮乏，存在“卡脖子”风险。我国相关产品的科研投入低，创新能力不足，进口仪器设备占国内检测检验设备市场的比例较高，仪器设备质量和可靠性长期得不到根本性解决。四是行业人才匮乏，管理水平不高。我国90%的检测检验机构从业人员数量在100人以下，专业人才较少。因此，亟须加快促进检测检验赋能产业升级，具体建议如下：

推进检测检验的顶层设计与布局规划。抓住战略机遇，在国家经济、产业、科技等重大规划中，将检测检验的布局规划作为独立

板块，完善相关政策，加快检测检验产业规划布局，制定重点领域高端检测装备产业技术路线图、检测检验仪器设备领域“卡脖子”技术清单。

重视检测检验技术创新。将检测检验技术创新纳入国家创新体系和国家重点研发专项中，组织实施检测检验创新驱动能力建设工程。支持一批检测检验头部及“专精特新”企业，围绕产业链，部署创新链。加大科技创新和服务创新研究的投入，特别是在涉及检测检验交叉学科领域的创新和人工智能、大数据等新兴技术融合方面发力。加大检测检验关键技术攻关力度。加大与高等学校、科研机构、科技企业的横向联合力度。

加快检测检验仪器设备质量提升和品牌建设。将关键技术突破、样品规模商用和产业生态培育紧密结合，增强检测检验设备质量的安全性、可靠性和用户认可度。完善检测检验认证机构资质管理和能力认可制度，提升检测检验认证支撑能力。重视品牌建设，制定一系列检测检验仪器设备品牌建设的战略方案、实施方案、保障措施和维护措施。建立国产仪器设备“进口替代”验证评价体系，搭建检测检验机构与国产仪器设备生产企业沟通平台，推动高端检测设备实现“进口替代”，支持优先采购国产检测设备。

加大检测检验人才的培养和激励力度。着力提升人才竞争力，发挥人才优势，不断适应检测市场和人才竞争需求，解决好培养人才、用好人才、吸引人才、留住人才的体制机制问题，赋能检测检验机构人才竞争需求的体制机制创新。鼓励科技人员围绕检测检验交叉学科建设，开展相关理论创新研究、学术交流，为提升科技服务能力建言献策，参与智库咨询，大力开展检测检验科学技术普及活动。

四、增强质量控制能力，构建严格的质量管理体系

基础领域产品质量控制是制造业持续进步和经济稳健发展的重

要保障。人类社会发展历程中，每一次质量领域变革创新都促进了生产技术进步、提高了人民生活品质。增强质量控制能力，落实质量管理，推动质量变革、效率变革、动力变革，对推动产业基础高级化具有重要意义。现阶段，我国制造业企业质量管理能力有待提高，高端产品供给不足、结构性矛盾突出等问题制约了制造业长足发展。我国部分企业未能摆脱传统观念的束缚，缺乏对质量管理价值的认知学习，对于行业标准规定的用户需求和用户期望不能充分实现。同时，市场主体对质量判别有较大差距，出现劣质产品打压优质产品的现象，导致市场中的质量管理更加混乱，使部分处于价值链中低端的企业缺乏追求高质量发展的内生动力。因此，推动质量控制能力提升行动，围绕重要产业、重点产品和服务，实施质量提升计划，强化高水平标准引领，增加中高端产品和服务有效供给，对提升产业基础能力具有重要意义。

加速企业标准体系建设。企业标准体系是企业应贯彻和采用的上层国家或行业基础标准与本企业制定的企业标准按照内在相互联系构成的有机整体。标准体系建立以技术标准为主体，包括管理标准和工作标准在内的企业标准化系统，以企业在产品、技术、生产、人事、财务、后勤等各个方面建立的相应标准为依据的管理体系。企业标准体系的建设有利于提高企业标准技术水平，对标国际水平提升企业标准水平，推动企业质量控制能力的提高。加大对企业标准化工作的激励和服务力度，有效加速企业标准体系建设；加大对模范企业的奖励力度，引领企业标准体系建设；加强标准化人才培养，为企业标准体系建设奠定人才基础；提升标准化服务力度，支持企业开展标准化学习的相关活动，例如国内外的标准化交流合作，让企业汲取先进的标准化经验，有利于为企业标准化工作营造更加良好的社会环境，激发企业标准化工作内生动力。

重视可靠性提升工程。可靠性是产品在规定的条件下和规定的时间内完成规定功能的能力，是反映产品质量水平的核心指标，贯穿于产品的研发设计、生产制造和使用全过程，是制造业发展水平的重要体现。我国制造业可靠性经过多年发展，有了长足进步，可靠性基础体系建设基本完成，一些产业已经达到了国际先进水平。由于发展水平的不均衡，我国制造业可靠性总体上和国外先进水平还有着很大差距。推动基础领域企业加强质量与可靠性管理，应建立以可靠性为核心的质量管理观，加快 GB/T 19004、GB/T 19024 等标准在企业的应用，将企业质量信用与企业融资贷款等财务业务管理相结合。鼓励龙头企业加强产业链供应链可靠性管理，以可靠性为抓手推动下游基础领域企业开展可靠性评估，实现可靠性管理。加强可靠性仿真技术研究，突破可靠性正向设计关键技术，开发可靠性工程新方法和新工具，推广可靠性管理工具。

全面加强质量安全监管。质量整体水平的提升，既需要各类市场主体作为供给方，绵绵用力、见贤思齐，也需要全社会、各行各业和广大消费者作为需求方共同监督、择优弃劣，更需要政府加强监管、积极引导。质量安全监管的全面建设是一个系统工程，需要政府、企业和社会各界的共同努力。建立健全质量安全监管体系，有助于保障消费者的合法权益，促进企业的健康发展，维护市场秩序，提升社会整体的质量水平和安全水平，为人们的生活和经济发展提供支持和保障。有关监管部门应当着力建设完善创新质量促进政策，优化质量供给体系，推进内外贸质量监管、标准规则、认证认可等衔接。出台质量基础设施提升政策，为产业链供应链的提升提供理论支持；深化质量督察和质量工作考核，对质量问题保持红线，执行“零容忍”态度；强化企业主责和行业自律，优化营商环境，营造政府重视质量、企业追求质量的良好氛围。

五、深化用户需求理解能力，以需求拉动技术创新

需求拉动是驱动创新过程中的重要力量，在产业发展中发挥着重要作用。过去，市场竞争格局相对平稳，竞争者大部分是来自同层级的企业。但在数字经济时代，这一状况正在被打破，随着用户

需求不断升级，用户价值满足感诉求日益呈现圈层化、碎片化。在这一背景下，强有力的竞争者往往来自能为用户带来定制化柔性服务的提供者——竞争者可能来自同行业，也可能来自产业链上下游企业，但是，更多来自具有强大的用户需求洞察能力，并能快速组织各种体验要素满足用户价值诉求的“佼佼者”。

需求拉动技术创新，以创新回应用户需求。在产业实践层面，需求牵引科技创新，离开市场需求的技术创新是“空中楼阁”。未来产业是由前沿技术的出现、发展、成熟和商业转化而诞生的新产品、新服务所形成的新产业，技术推动固然重要，但市场需求同样在未来产业发展中发挥着必不可少的作用。通过满足市场的应用需求，产业体系得以持续发展壮大。在这一过程中，技术迭代是不可或缺的环节。持续不断地进行技术创新，不仅可以提高产品质量和性能，还能够降低生产成本，增强市场竞争力，回应用户需求，进而实现需求拉动创新。因此，加快现代化产业体系建设，必须注重市场需求的驱动，积极推动技术的不断迭代升级，以保持产业的活力和竞争力，实现经济持续健康发展的目标。

六、壮大人才梯队能力，建设基础领域人才体系

人才是产业基础能力建设的重要基础与保障，是未来竞争的关键，硬实力、软实力，归根到底要靠人才实力。

建立健全人才梯队资源库和评价标准。实现高质量发展离不开人才梯队的建设。健全人才梯队资源库，保证人才数量的供给，为构建人才梯队提供坚实的基础，使企业形成良好的人才循环体系。设计完善人才培养体系，重视人才的分级管理，使企业内部形成良好的竞争机制和稳定的队伍结构，激发人才的工作热情和积极性。同时，建立完善的评价标准是打造人才培养体系的重要一环。一个完备的评价机制能激发人才的积极性和创造性，进而推动整个梯队

的成长。

精细化人才培养体系。设计完善人才培养体系要遵循人才的特点和规律，采取长期的、有针对性的、个性化的培养手段。对于本科毕业的技能人才，他们具有较强的学习能力和接受能力，但是缺乏相关实践经验，培养体系更需提供持续的岗位锻炼和人才成长渠道，发挥学历型人才的创新能力。对于技师工匠，培养体系需要更加注重理论知识的培训，通过定期组织理论培训等形式来丰富技师工匠的理论知识。结合企业自身特点和优势，“量身定制”人才培养体系，最大程度发挥人才的作用。

全方面引进人才，建设高端人才聚集地。高层次人才是实现产业基础高级化的驱动力，充分利用人才资源有助于促进国家和地区快速发展。地方政府和用人企业要根据人才团队、产业发展和城市战略特点，精准把握人才需求，引进高匹配人才，做到按需招才，按需引智，使生产要素更好地满足产业发展的需要，使各类人才的专长特长和产业发展的需要紧密契合。

健全配套人事管理制度，精准科学用才。人才作为稀缺资源，量才而用、用好人才，是有效利用人才资源的重要方式。制定人事管理规范，完善人事管理制度，使人才的选拔任用和管理更加公平科学；提升人才和产业的匹配度，聚焦城市长远战略，围绕重点产业领域，根据人才特点进行精准匹配使用，发挥人才的最大价值；完善人才奖励机制，挖掘人才的最大潜力，达到“1+1>2”的效果。

编写单位：北京交通大学

编写人员：朱明皓、薛塬、王乐天、刘兆健、温建春、黄志伟、解雅婷

审稿人：屈贤明、陈警

第二篇

国际篇
——美国

国防工业基础能力是一国在与国防产品（或服务）相关的活动中所具有的技能、水平与能力的表征，其物化部分是与武器装备发展相关的科研、生产设备和人力资源，其非物化部分表现为一系列科学、技术、知识与管理。国防工业基础能力是衡量一国国防工业实力和水平的重要标志，已成为世界军事强国的重要战略威慑力量之一。

作为美国战略威慑力的重要组成部分，国防工业基础是美国保持和实施军事霸权的重要支撑。美国十分重视国防工业基础和能力建设，将其放到事关国家安全的战略高度，并采取了一系列有效举措，以保护和加强美国国防工业，维持美国军事在全球的领先地位。

第五章

美国国防工业发展历史

美国国防工业的发展历史悠久，经历了多个重要阶段，从独立战争时期到现代的高科技国防产业，每个阶段都伴随着重大的技术创新和战略调整。

第一次世界大战（1914—1918 年）期间，美国国防工业经历了大规模扩张。美国于 1917 年参战后，迅速动用工业力量，生产大量武器、弹药、飞机和舰船。战争期间，政府与私营企业紧密合作，建立了大规模的军火生产体系。这一时期，美国国防工业的生产能力和技术水平有了显著提升。

第二次世界大战（1939—1945 年）是美国国防工业发展的关键时期。美国成为“民主的兵工厂”，大量生产坦克、飞机、舰船、武器和弹药。战争期间，美国的工业生产能力和技术创新达到了新的高峰，雷达、核武器、喷气式飞机等新技术纷纷问世。战后，美国国防工业继续保持高水平的生产能力和技术创新，巩固了其全球领先地位。

冷战（1947—1991 年）期间，美苏对抗促使美国国防工业不断发展。美国投入大量资源进行军事研发，推动了导弹、核潜艇、卫星、计算机等领域的技术进步。美国国防部高级研究计划局（DARPA）于 1958 年成立，推动了许多前沿技术的发展，如互联网和全球定位系统（GPS）。冷战时期，美国国防工业不仅在数量上有了大幅增长，而且在质量上也取得了重大突破。

冷战结束后，美国国防工业进入调整期。虽然国防预算有所削减，但仍然保持高水平的技术创新和生产能力。20 世纪 90 年代，信息技术革命带来了网络战和信息化作战的概念。1991 年海湾战争展示了精确制导武器和高科技装备的巨大威力，进一步推动了国防技术的发展。随着冷战结束，全球局势的变化促使美国重新审视其国防战略，国防工业也相应进行了调整。

21 世纪初的反恐战争对美国国防工业提出了新的需求。无人机、网络战技术、先进通信系统和防御技术等领域迅速发展。与此同时，美国还在积极应对新的安全威胁，如网络攻击、大规模杀伤性武器扩散和太空竞争。反恐战争期间，美国国防工业展示了其快速响应和技术创新的能力，为全球反恐斗争提供了强有力的支持。

进入 21 世纪 20 年代，美国国防工业面临新的挑战和机遇。随着中国和俄罗斯等国军事实力的提升，美国加大了对先进武器系统、人工智能、量子计算、网络安全和太空技术的投资。国防工业与科技公司的合作日益紧密，通过创新和技术转移，保持其在全球的领先地位。现代美国国防工业不仅注重技术领先，还强调供应链的自主安全和稳定，通过多种措施确保国防工业的可持续发展。

综上所述，美国国防工业的发展历程充满了技术创新和战略调整，始终在国家安全和军事需求的驱动下不断演进。

第六章

美国发展国防工业的主要做法

一、设立上层建筑进行统筹规划

为了保证美国国防工业基础能够满足其国防建设需要，美国政府和国防部采取了一系列措施及组织架构的调整，以确保国防工业基础的强大、安全、弹性和创新。

美国国防部专门设有制造业和工业基础政策办公室（MIBP），该办公室隶属于国防部采办、技术与后勤副部长办公室［USD（AT&L）］，其使命是确保国防部能够依靠强大、安全、弹性、创新的国防工业能力来满足国防和军队建设的需求。MIBP 主要通过开展国防工业基础能力评估、国防工业基础薄弱环节改进、对可能影响竞争的并购进行审查、实施工业资源优先分配计划等工作履行其使命。

2015 年，为进一步指导并加强国防工业基础，美国国防部在 MIBP 组建了工业基础委员会（IBC）。该委员会以国防部高级官员为主，重点审查讨论工业基本趋势，对工业基础风险进行综合评估，按照国防部战略优先事项安排调整工业基础项目，制定政策填补工业基础漏洞。

2017 年，为全面评估美国制造业和工业基础能力，时任总统特朗普发布第 13806 号行政令，决定成立工业基础联合工作组，并将其作为 IBC 的主要依托机构，负责召集国防部和联邦政府有关部门，在国防工业基础风险和问题上进行分享、协调和合作，制定降低风险和解决问题的对策和措施。

2018 年，国防部进行了重大重组，将 USD（AT&L）拆分为两个新的副部长办公室：采办和后勤副部长办公室［USD（A&S）］和研究与工程副部长办公室［USD（R&E）］。USD（A&S）主要负责采办和后勤，包括国防工业政策和供应链管理。USD（R&E）负责推进国防科技创新和研发，确保新技术的开发和应用。拆分后的 USD（A&S）和 USD（R&E）能够更加专注于各自领域的核心任务，每个办公室可以更迅速地响应特定领域的挑战和需求。

通过这些顶层机构和跨部门的联合工作机制，有效地保证了美国工业基础政策的一致性，保障了美国国防工业基础的安全稳固。

二、建立全面科学的国防工业基础评估体系，指引风险识别和漏洞弥补

美国十分重视国防工业基础能力的风险监测和控制，通过建立常态化的评估机制，对国防工业能力状况定期进行跟踪、分析和评估，以发现问题和薄弱环节，并及时采取有效措施加以解决，确保美国国防工业安全有效。

美国国防工业能力评估始于 20 世纪 90 年代中期，冷战结束后，随着美国国防预算缩减，美国国防工业的规模和基础较以往有了一定程度的减弱，引起了美国政府对国防工业基础能否满足军事需求的担忧，由此开启了美国国防工业能力的评估工作。

1996 年 4 月，美国国防部发布指令 DoDI 5000.60《国防工业能力评估》，并发布配套指南 DoD 5000.60—H《评估国防工业能力》。

该条例明确定义了适时开展个案评估的条件，并制定了详细的评估流程。其国防工业能力评估大致分 3 步：第一步，判断特有的关键领域或项目（包括工艺、产品和设施）处境是否危险；第二步，跟踪与监测关键领域或项目；第三步，采取措施解决发现的问题。

1997 年，美国国会将国防工业能力评估正式写入美国法典第十卷第 2504 条，要求国防部每年 3 月 1 日前向国会参众两院提交国防工业能力评估报告，并将其作为美国制定国防工业政策、编制国防部下一财年预算及进行国防工业能力调整的重要决策依据。美国对国防工业能力评估经历了针对某项特定产品或服务的供应能力评估，到基于作战效果的国防工业能力评估。

随着全球化和技术革新的快速发展，美国国防工业面临着越来越复杂的挑战。大规模的行业整合、技术领域的快速变化及国际竞争的加剧，使国防部意识到，单一维度的评估方法无法全面理解和应对不同部门和层级之间复杂的相互关系。因此，为了更全面地理解和管理国防工业基础，逐层级、逐部门（S2T2）的评估方法被引入并逐步成为标准实践。

逐层级、逐部门的国防工业基础评估源于 20 世纪后期美国国防部对国防工业基础健康状况的日益关注。S2T2 审查的重点是针对九大行业，按照主承包商、分包商和低层供应商进行逐层分解，考察各层级供应商在产品、服务、资源等方面的内在联系，以及通过各层级供应商建立起来的国防工业基础与民用工业基础之间的联系，识别关键和薄弱环节，将相关信息与预算和项目决策有机结合，为装备采办和工业基础投资决策提供系统化的支持，确保投资效益最大化。

相较于传统的单一维度评估方法，S2T2 方法通过按部门和按层级的分析，深入评估国防工业基础的各个方面，包括技术能力、市场依赖性、供应链健康等。

2012 年底和 2013 年，负责制造业和工业基地政策的国防部副助理部长办公室（MIBP）以现有的 1996 年框架为基础，制定了一种可以在整个服务和工业中积极使用的方法，旨在提升评估的严格程度、可重复性和透明度。这种方法被称为脆弱性和临界性（Fragility and Criticality）评估，简称 FaC，如表 2-1 所示。

表 2-1 脆弱性和临界性评估

脆弱性	
财务前景（当前供应商）	部门内公司数量（现有公司市场）
国防部销售额（当前供应商）	外国依赖性（现有市场）
临界性	
国防专用	设施和设备要求
技术工人需求	重建时间
国防研发需求	替代方案的可用性

综合来看，美国国防工业基础能力实行总体评估与专项评估体系相结合，构建了“以效果为基础”的国防工业基础能力评估体系。全面系统的评估结果能为决策者提供科学依据，支持制定战略性的预算分配、采购策略和技术发展重点，确保国防工业能够持续支持国家安全需求。

例如，2013 年，S2T2 评估通过相关支持数据确认了太空和导弹部门处于特别紧张的状态。导致这种状态的因素一般包括某些子部门高度专业化的军事特定要求、采购量的下降及新项目启动的减少。针对这种情况，相关部门确定了正式的工业基础风险缓解计划。具体来说，跨职能工作组（CTWG）正在解决太空部门的风险，而引信综合产品团队和关键高能材料工作组则分别解决导弹部门的特定风险。而 S2T2 的脆弱性和临界性（FaC）评估结果正是 2013 年年末工业基础副手管理行动小组（DMAG）的关键成果。

三、充分发挥市场在国防工业中的激励作用

美国是市场经济国家，健康良性的市场环境对激发产业活力，

提高企业创新能力，保持美国国防工业产品先进性至关重要。2011年2月，美国国防部副部长卡特指出，今后美国国防部将主要依靠市场力量来推动国防工业基础的有效调整。在维护市场安全、充分发挥市场在国防部门的激励作用，而又确保美国国防工业未丧失其关键核心能力的前提下，美国政府主要采取了以下手段。

1. 军民融合，以民带军

美国政府不断推进“军民融合”，利用军品和民品的相互溢出效应，有效地提高国防工业研发的效率和效益。

一方面，美国鼓励国防工业将军用技术转为民用并开展商业经营。由于军事需求的先导性和战争的激烈对抗性，许多先进技术通常产生并应用于国防领域。这些军用技术不仅具有广阔的民用转化和应用前景，而且能够加快推动民用科技和经济发展，甚至成为经济发展新的增长点。因此，美国高度重视军用技术的民用转化。冷战期间，美国对许多“高、精、尖、新”技术采取的就是“先军后民”政策。例如，1969年出现的阿帕网（Arpanet）本是冷战军备竞赛的产物，该技术通过民用转化现已发展为家喻户晓的因特网。冷战结束后，美国进一步要求国防工业加快先进军用技术的民用转化，并要求尽可能实现军民先进技术一体化开发，以便继续巩固美国军事技术绝对优势地位。为此，美国专门成立了“国家技术转移中心”，使之成为国防部等政府部门和企业技术转移的桥梁。

另一方面，为促进军民融合发展，美国支持国防领域使用商用技术产品和规范标准。美国国防采办的基本法律规范是《联邦采办法》（FAR），在传统国防采办过程中，国防承包商是由一系列联邦采办法律法规控制的，并采用严格的国防惯例、规范和标准，组织国防生产，结果使国防生产和商用（民用）生产只能在相互分离状态下进行，并在不同工厂、车间采用不同技术、工艺、人力、设备、材料或设施组织生产。随着现代科技发展，军用民用技术和产品的界限日趋模糊，不仅先进技术在商业领域持续扩张，而且许多先进技术的主导力量通常也来自商业领域。因此，国防生产使用商用（两用）技术和产品对成本节约和保持军事优势都有一定推动作用。

为此，美国积极支持国防工业界进行国防生产时努力开发军民两用技术和产品或直接使用民用技术和产品。从1999年至今，美国通过了一系列战略法案，如1995年通过的《两用技术：一种为获得经济上能承受得起的前沿技术的国防战略》，1997年通过的《国防科学技术战略》，2012年和2015年发布的《云计算战略》和《网络空间战略》等，逐步强化了民用标准在国防工业基础中的标准引领作用。

2. 充分发挥中小企业在市场创新中的作用

美国高度重视中小企业在国防领域的创新作用。中小企业为美国提供了43%的高科技岗位，贡献了超过44%的经济活动。为充分调动小企业创新活力，美国政府于2022年1月出台《小企业战略》（*Small business strategy*），通过多项措施强化小企业在国防工业中的竞争力。

一是通过扩大小企业获得贷款和投资的机会，特别是对于通常难以获得融资的少数族裔、女性和退伍军人拥有的小企业。美国小企业管理局（SBA）提供贷款担保项目，如7（a）贷款计划和504贷款计划，帮助小企业获得必要的资本。

二是出台专项计划促进小企业研发能力的提升。2022年9月，美国国会通过《2022年“小企业创新研究”（SBIR）和“小企业技术转移”（STTR）延长法案》，立法要求包括国防部在内的11个行政部门实施SBIR/STTR计划，该计划每年向4000家左右小企业投资约40亿美元，加速国防部对小企业进行创新研究。SBIR/STTR计划的实施提高了小企业生产产品的灵活度，延长了小企业知识产权保护期，提升了小企业的抗风险能力。

三是创新合作方式。美国国防部通过合作协议、其他交易协议等创新工具，吸引更多小企业进入国防市场。

3. 要素激励——人才培养

高水平的人才队伍是美国国防工业强大的重要保证。美国十分重视各类人才特别是科学、技术、工程和数学（STEM）人才的培养，早在20世纪80年代中期，美国国家科学委员会就提出要将培养优质科技人才、工程师、科学家和数学家，作为提升国家竞争力的基础。

2006年，小布什政府在《美国竞争力计划》中又进一步提出，培养具有STEM素养的人才是知识经济时代教育目标之一，并将其视为保持美国在全球竞争力的关键。但随着制造业的萎缩，美国国防工业领域高技能人才和STEM人才流失问题日益突出，2006—2016年，美国STEM人才就业量增长了52%，但在制造业领域却减少了74%；在航空航天领域，18～34岁的STEM专业人才比例不到20%。针对这种状况，特朗普政府建立了联邦、州和地方政府协同机制，支持高中、职业学校、高校和企业面向制造业未来需求开展STEM教育和培训。

美国联邦政府还鼓励各州制订战略计划，建立一支受过教育和有技能的劳动力队伍。近年来，美国出台了一系列政策举措。为了建立现代化制造和工程人才队伍研发基地，国防部投资的8家新型研究机构已与1200余家相关公司、高校和政府机构建立合作，吸引了波音、福特等公司，共同培养高水平人才。此外，美国国防部整合地方政府、制造业企业力量，通过开发“工业技能劳动力开发生态系统模型”，组织开展技能大赛等方式，吸引高技术人才进入国防领域。美国政府还针对国防特定技能进行专职培训，由美国国防部直接招募学生和成人进行核心技能培训，并为其在国防制造业方面提供就业机会。

4. 加强国际合作

为了促进国防工业的发展，美国采取了多项国际合作措施。这些合作不仅增强了美国国防工业的竞争力，还提升了全球安全和稳定。

首先，美国与多个国家签订了防务合作协定，通过双边和多边防务协议促进联合军事演习、情报共享、技术转让和人员交流。作为北大西洋公约组织（NATO）的主要成员，美国通过北约促进成员国之间的军事和技术合作，共同研发和采购武器系统。其次，通过外国军事销售（FMS）和直接商业销售（DCS），美国政府和国防公司向外国政府出售军事装备和服务，为美国国防工业提供市场并增强盟国的军事能力。此外，美国与盟国合作开发先进的军事技术和武器系统，例如F-35联合攻击战斗机项目，促进了技术共享和联合生产。美国还通过技术转让和合作生产，与日本和韩国等国在导弹防御系统上进行合作。

在军事教育和培训方面，美国通过国际军事教育训练（IMET）计划，为盟国和伙伴国的军官和人员提供在美国的军事教育和培训，增进军事专业知识和合作能力。同时，美国定期与盟国和伙伴国举行联合军事演习，提升协同作战能力和互操作性。为了应对全球威胁，美国与盟国在反恐和网络安全方面进行紧密合作，通过共享情报、提供军事援助和开展联合行动提升全球反恐能力，并通过信息共享、技术合作和联合演习提升网络防御能力。

此外，美国国防公司积极参与全球各大防务展览，如巴黎航展、英国范堡罗航展和阿布扎比国际防务展（IDEX），展示最新的国防技术和装备，拓展国际市场。同时，通过国防部长会议、军备控制谈判和防务政策对话，加强与盟国和合作伙伴国的国防政策和技术交流。

在科研与创新合作方面，美国与盟国和伙伴国的科研机构和大学合作，推动国防科技创新。例如，美国国防高级研究计划局（DARPA）与其他国家的科研机构合作开展前沿技术研究。通过与外国国防公司的合作，如波音、洛克希德·马丁等美国公司与欧洲、日本和澳大利亚的公司进行合作，推动技术交流和联合研发。

四、加强投资并购管理，确保供应链安全自主

美国国防部对过去二十多年来由于重大行业整合导致的同行竞争的损失心有余悸。国防部发现企业提报的并购、收购和联合重组工作可能会导致国防工业水平能力的重叠和潜在的垂直供应问题。因此，国防部愈发明确自己需要对这些工作进行管理。

为了促进国防工业的发展，保护供应链自主安全稳定，美国在投资和合并审查方面采取了多项关键措施。这些措施主要通过外国投资委员会（CFIUS）和其他相关机构来实施。

首先，CFIUS 负责审查外国在美国企业中的投资和并购，评估其是否对国家安全构成威胁。通过这一机制，美国能够防范潜在的敌对国家或企业获取关键技术和敏感信息，确保国防供应链的自主性和安全性。近年来，CFIUS 的审查范围不断扩大，包括涉及关键基础设施、技术和数据的交易。此外，2018 年通过的《外国投资风险评估现代化法案》（FIRRMA）进一步强化了 CFIUS 的权限，使其能够更有效地应对复杂的投资和并购情形。

美国国防部审查涉及国防供应商的多种类型的商业组合，包括但不限于以下几类。

根据 1976 年的《哈特-斯科特-罗迪诺反垄断改进法案》提出的拟议并购，通常是 2011 年价值超过 6600 万美元的交易；

其他虽然不符合《哈特-斯科特-罗迪诺反垄断改进法案》申报门槛，但对国防部特别利益有关的竞争对手之间的合作（联合企业、并购等）；

根据 1988 年《全面贸易和竞争力法》的埃克森-弗洛里奥修正案与 2007 年的《外国投资和国家安全法案》提出申报的非美国公司对美国国防相关公司的拟议收购。

上述前两类审查类型根据《国防部指令 5000.62》，即“对国防

项目的主要供应商的并购或收购对国防部项目的影响”的规定进行主要国防供应商的并购（M&A）审查。

除了 CFIUS，美国还通过《国防生产法》（DPA）和《出口管理条例》（EAR）等法律框架，对涉及国防和国家安全的关键行业进行监管。国防部与其他联邦机构合作，确保对可能影响国防供应链安全的并购进行全面评估和严格审查。例如，国防部制造业和工业基础政策办公室（MIBP）与司法部、联邦贸易委员会（FTC）等合作，评估国防相关行业的市场竞争状况，防止垄断和过度集中，维护健康的竞争环境。

为了进一步保护供应链的自主安全，美国还制定了《国防联合作战计划》（JWC），通过这一计划，确保其在国防关键技术和材料方面的国内生产能力。该计划鼓励本土企业的创新和技术发展，减少对外国供应商的依赖。通过这些措施，美国国防工业不仅增强了自身的竞争力，还在全球范围内保持了技术领先地位。

编写单位：中国工程院战略咨询中心
编写人员：薛塬
审稿人：朱明皓

第三篇

重点领域篇

第七章

仪器仪表

仪器仪表是认识、改造世界的工具，是获取数据的源头，是实现国家创新驱动及高质量发展战略的重要支撑。仪器仪表的发展水平是衡量一个国家创新、制造能力的重要标志。

我国目前是发展中国家仪器仪表产业规模最大、产品品种最齐全的国家，中低端产品已满足国内市场的大部分需求，基本形成了从零部件到整机再到集成应用的全产业链。近 3 年随着技术进步、政策引导及下游需求上升，国产中高端产品替代进口和进入国际市场的步伐明显加快，但在高精尖产品的技术突破及产业基础方面，还有待进一步提升。

国家统计局数据显示，2023 年我国仪器仪表制造业规模以上企业超过 6700 家，营业收入首次突破万亿元大关，达到 10112.2 亿元，同比增长 4.0%；利润总额为 1049.9 亿元，同比增长 2.3%，实现营收和利润双增长。

2022—2023 年度中国仪器仪表市场研究报告分为工业自动化仪表及控制系统、科学仪器两个部分进行描述。

一、工业自动化仪表及控制系统

1. 主要产品和技术进展

1）主要产品

工业自动化仪表及控制系统主要产品：变送器、流量计、物位仪表、控制阀、DCS、SIS 和 PLC。

（1）变送器

变送器是采集物理信号，输出符合标准模拟信号或工业通信协议数据的工业自动化仪表，根据被测参数不同，可分为压力变送器、差压变送器和温度变送器等产品。

（2）流量计

流量计是用来测量管道或明渠中的液体、气体或蒸汽等流体流量的工业自动化仪表。根据不同的测量原理，可分为电磁流量计、涡街流量计、超声波流量计、质量流量计等多种产品。

（3）物位仪表

物位仪表是测量液态液面和粉粒状材料装载高度的工业自动化仪表。其中，测量固态物料堆积高度的仪表称为料位计。测量液态高度的仪表称为液位计。测量两种不同介质界面的仪表称为相界面计。

（4）控制阀

控制阀是接收控制系统的信号，可以改变液体、气体和蒸汽的压力、流量和方向的执行元件。根据控制阀配套的执行机构不同，可分为电动控制阀、气动控制阀、自力式控制阀等。

（5）DCS

DCS 是分散控制系统的简称，包括由过程控制单元、数据服务单元和过程监控单元组成的以通信网络为纽带的多级计算机系统。

其基本特点是分散控制、集中操作、分级管理、灵活配置、便捷组态。

（6）SIS

安全仪表系统（SIS）由安全传感器、逻辑安全控制器及安全执行单元组成，用于实现一个或多个安全回路功能，达到工艺装置要求的安全完整性等级（SIL）。与DCS系统在生产过程中的作用不同，SIS用于监视生产装置的运行状况，对出现的异常工况迅速进行处理，使故障发生的可能性降到最低，保证人和装置处于安全状态。

（7）PLC

PLC是可编程控制器的简称，是一种执行控制逻辑的嵌入式计算机系统，用于控制各种类型的机械设备或生产过程。PLC具有通用性强、使用方便、适用性广、可靠性高、编程简单等特点，在工业自动化特别是机器人控制和运动控制中得到广泛应用。

2）技术进展

（1）云边端协同控制技术。通过5G、TSN等大带宽工业确定性网络融合高可靠性工业云平台、高性能边缘计算单元和强实时性就地控制设备，采用分散与集中相结合的控制模式，提供更强大的算力、协同性及故障容错能力，提供更好的鲁棒性与实时性，保障现场控制的稳定和安全。

（2）基于先进物理层的智能仪表通信技术。针对当前流程的工业温度、压力、物位/液位和流量等检测仪表普遍采用的二线制 4～20mA或具有总线供电的低速率现场总线（HART、FF H1或Profibus DP/PA）的现状，研究并开发了基于先进物理层的网络通信技术，如Ethernet-APL、AUTBUS等基于单对双绞线的高速通信协议，提高仪表层设备通信的带宽和实时性。

（3）多参数智能仪表技术。通过多参数融合感知、智能信号处理、双向数据传输等技术，能够获取较完整的生产过程信息，并实现对动、静、电、仪、控等智能设备自身工作状态的检测与诊断，同时通过自学习等功能，实现检测参数的自动修正，达到环境变化的自适应能力。最终实现设备的风险动态感知、故障智能诊断、检修精准施策，寿命自评估等功能。

（4）面向流程工业的 AI 大模型技术。采用生成式 AI 架构（AIGC），对生产过程和工艺设计数据进行融合训练，建立面向流程工业的高泛化、高可信度的大模型，为客户提供控制方案设计、生产过程优化、生产辅助决策、设备运行维护等方面的智能化解决方案。

（5）功能安全和信息安全融合的系统评估与验证技术。建立融合 IEC 61508 和 IEC 62443 要求的安全一体化生命周期管理程序，开展安全一体化危险和威胁分析，迭代开展安全一体化协同设计与测试验证工作。

3）基础零部件和元器件

基础零部件与元器件领域。随着物联网、智能网的不断发展，传感器、芯片等元器件在仪器仪表中的应用越发普遍，且对性能的要求不断提升，这成为我国仪器仪表发展的关键瓶颈。

我国仪器仪表领域高精度敏感元件和执行元件，几乎完全依赖进口。传感器技术的发展趋势是新原理、新效应、新技术朝着智能化、网络化、微型化、低功耗、高性能等方向发展。仪器仪表领域所用的大部分为成熟制程集成电路芯片和微机电系统芯片（MEMS），如国内的圣邦、兆易、龙芯、思瑞浦、斯达、扬杰、比亚迪、新洁能等企业虽然能够提供基本满足要求的芯片产品，但国产芯片依然存在产品种类少、部分关键品类缺失，国内厂商设计、工艺能力相对较弱，产品质量一致性差等问题。

基础材料领域。宽温度/湿度、耐高低压、耐腐蚀性、长期稳定性、精准性等指标是仪器仪表产品对材料的共性要求，随着市场需求的迭代，仪器仪表对基础材料的功能、性能、外观、质量，乃至品种、规格等方面提出了更高要求，国内基础材料低端过剩、高端不足、关键材料受制于人的局面总体没有明显改善。

基础工艺领域。仪器仪表的生产工艺也在持续更新迭代，以满足越发严苛的使用环境和智能化需求。低应力固接、无损焊接、自动定量充灌、自动检验、自动标定、真空处理、电极密封、激光刻蚀等新型制造工艺技术不断发展。

2. 竞争趋势和主要动向

1）竞争趋势

据中华人民共和国海关总署数据，2023 年我国仪器仪表（专业、科学及控制用仪器和装置）进出口总额为 7254 亿元，其中进口总额为 3931.8 亿元，同比增长 2.3%，出口总额为 3322.2 亿元，同比增长 7%，进出口逆差有所收窄。

睿工业数据显示，我国 DCS 整体市场国产化率持续提升。2023 年，国产厂商中中控技术、和利时表现较好，中控技术在 DCS 市场占有率达到 37.8%，十三年蝉联市场份额第一，和利时核心产品 DCS 在国内市场占有率 15.5% 紧随其后；外资厂商中艾默生表现较好，领先于其他外资厂商。

中国工控网数据显示，在中国 SIS 市场国外品牌不再独占市场，国内外 SIS 供应商同台竞争，2023 年国产厂商实现系统产品超过 48% 的国产化率，中控技术位居第一，其优势行业为油气、石化、化工，康吉森位居第二。

根据中国工控网数据，2023 年我国自动化市场萎缩 1.8%，预计整体市场在 2023 年后呈 L 型曲线发展，增速变缓。其中大中型 PLC 市场在 2023 年有 1.1%的增长，但小型 PLC 市场出现 12.3%的收缩。从 2023 年内外资品牌表现来看，西门子仍以 45%左右的市场份额处于垄断地位，但在细分市场国产厂商与外资直接进行竞争。汇川技术和中控技术在离散市场和流程工业中处于第一梯队，埃斯顿，信捷电气，雷赛智能，禾川科技等处于第二梯队。

2）主要市场动向

根据市场研究数据，工业自动化仪表及控制系统主要应用在流程工业，流程工业市场价值预计在 2025 年将超过 1.2 万亿元。

目前国内外主要动向表现如下。

（1）增强系统的集成和互操作性。市场上越来越注重不同设备和系统之间的集成，这使自动化系统能够更加高效地工作。标准化的通信协议和开放式架构正在变得越来越普遍。

（2）人工智能（AI）和机器学习（ML）。AI 和 ML 正在加速自动化系统的发展，它们不仅提高了过程控制水平、设备预测维护的准确性和人机交互的易用性，而且还增加了对于内外部变化的自适应能力和生产计划调度的灵活性。

（3）网络安全。随着工业控制系统越来越多地连接到互联网，网络安全变得至关重要。保护关键基础设施免受网络威胁就成了主要厂商和使用者的重点关注内容。

（4）边缘计算的兴起。为了处理日益增长的数据并在数据库主机所在地进行实时分析，边缘计算正在工业自动化中扮演越来越重要的角色。

（5）自适应和模块化制造系统。制造业正在向更加灵活的生产模式转变，以便快速响应市场变化。自适应和模块化的制造系统可以轻松地进行配置和重组，以适应新的生产需求。

3．年度热点事件

1）国内年度企业热点事件

（1）2023 年中控技术全资收购荷兰知名分析仪器厂商 Hobré International B.V.（简称 Hobré）。Hobré 是全球市场在线分析仪、样品系统和集成产品解决方案领域的领军公司。其核心产品如激光气体分析仪、非色散红外分析仪、拉曼分析仪等多款产品技术和研发实力居于国际领先地位，被广泛应用于世界 500 强企业、全球领先的石化化工企业，如 Shell（壳牌）、ExxonMobil（埃克森美孚）、BP（英国石油公司）、BASF（巴斯夫）等，享有强大的品牌影响力。此次收购将扩充中控技术的高端分析仪产品体系，增强其分析仪研发和集成能力，填补国内高端分析仪市场的空缺。

（2）2023 年和利时发布了 OCS 工业光总线控制系统，该控制系统融合先进的工业光总线技术与软件定义 I/O 技术，将远程控制机箱前置于工业现场环境中，信号传输采用高可靠性、高速无源光纤网络构架，大量节约了传统铜芯电缆，简化了自动化系统的工程设计及实施过程，降低了项目建设成本及运营成本，能够为炼油、化工、海工、油气等行业用户节约 30%以上的仪器仪表总成本。

（3）2023 年，重庆川仪成功开发了 PDS 高端智能诊断压力变送器、高精度温度变送器，显著提升了公司智能化功能与产品性能。在流量仪表领域，电磁流量计实现了高频励磁技术、非满管测量技术等突破。针对调节阀产品市场，重庆川仪成功开发了大推力薄膜式执行机构、高性能硬密封蝶阀、高温球阀、液氢调节阀等产品。围绕工业智能化发展战略，重庆川仪成功研发了 PAS-1000 分布式控制系统及行业应用解决方案，展现了其在工业自动化仪表领域的技术实力和创新能力。

（4）汇川技术发布 AI800 系列数字智能控制器，将 PLC、HMI、视觉控制器、工控机集于一体，软件上采用 Intel 高性能多核处理器和双操作系统，保障 Windows 和 PLC 两个系统完全独立运行。同时，得益于桌面级 CPU 强劲运算性能，最多可实现 48 轴/500us 的同步控制。此外，AI800 还拥有工业总线及接口扩展功能，支持无缝接入多种第三方工业设备。

2）外资企业热点事件

（1）西门子发布了多款新品，包括 SINAMICS S200 高性能伺服驱动系统、SINAMICS G220 高性能变频器、西门子 Smart ECX 智慧能碳管理平台、西门子设备远程运维套件 SIMICAS 3.0 等。此外，还有西门子工业 5G 路由器 SCALANCE MUM856-1 中国版、S7-200 SMART V2.8 小型自动化解决方案、AI 驱动的分拣机器人 SIMATIC Robot Pick AI、西门子工业边缘 App—Anomaly Detection & Live twin 等产品。

（2）2023 年艾默生宣布并购全球领先的液体、气体和蒸汽外夹式超声波流量测量公司 Flexim（总部位于德国柏林）。Flexim 提供高精度、低维护的外夹式超声波流量测量技术，包括化工、水和污水处理、生命科学、食品与饮料及发电等市场。这笔并购将扩大艾默生的自动化产品组合并加强其测量能力，Flexim 流量计的总安装量超过 100,000 台，为艾默生带来了高度差异化且互补的技术，以及强大的客户关系。

（3）2023 年 10 月罗克韦尔自动化宣布收购 Clearpath Robotics（总部位于加拿大安大略省）。Clearpath Robotics 是自主机器人领域的领先企业，其产品包含工业应用的自主移动机器人（AMR）。此次收购将为全球各地的客户带来新的转折点。罗克韦尔自动化将利用端到端的生产物流解决方案，对制造工厂各个环节的材料处理难点和关键点进行简化和改造。根据 Interact Analysis 的预测，未来五年，制造业中的 AMR 市场将以每年约 30%的速度增长，到 2027 年，该市场规模预计会达到 62 亿美元。此次收购预计将为罗克韦尔自动化 2024 财年的利润增长贡献一个百分点。

（4）2023 年施耐德电气展示了新一代 Lexium18 系列伺服、Cobot 协作机器人、新一代 TeSys Giga 远程智能诊断（RDM）模块、EcoStruxure 微网能源顾问等产品。

4. 重点企业分析

1）国内企业

中控技术。中控技术是集 DCS、PLC、SIS 等控制系统和现场仪器仪表、工业软件为一体的产品和解决方案供应商，2023 年持续产品研发与技术创新，发布了基于 APL 的 SmartEIO、全设备智能感知平台 PRIDE、装备智能控制 GCS-M4 系统等新产品，新产品广泛应用于石油、化工、电力、制药等流程工业领域。中控技术致力于面向以流程工业为主的企业提供以自动化控制系统为核心的智能制造产品及解决方案，2023 年实现营业收入 86.2 亿元。

和利时。和利时是一家从事自主设计、制造与应用自动化控制系统平台和行业解决方案的高新技术企业。和利时的业务由工业智能化、交通智能化、食药智能化三大板块构成。自创立以来，和利时始终坚持自主创新研发，为用户提供定制化的整体解决方案、稳定可靠的产品和全生命周期的服务，帮助用户提升市场竞争力。2023年和利时合同额70.3亿元，营业收入55.8亿元。

重庆川仪。重庆川仪是一家集科研、生产制造、销售、进出口贸易、投资为一体的企业，现为国内规模最大、产品门类最全、系统集成能力最强的综合性自动化仪表制造企业。其主要产品和业务范围包括工业自动化控制系统及仪表、控制软件、科学仪器及成套系统、楼宇自动化系统、电气自动化系统、电子及仪表元器件、IT专用集成电路、功能材料、工艺工装设备、光学仪器、环境试验设备等多个大类产品。

吴忠仪表。吴忠仪表是中国控制阀行业的龙头企业。典型产品有模块化智能调节阀、蝶阀、煤化工专用控制阀、高压差专用控制阀等。公司主要服务于（石油、天然气、煤、盐、碱）化工、冶金、电站、油气储运、轻工、船舶、水系统等流程工业自动控制领域。

康吉森。康吉森的产品覆盖了控制系统、现场仪表、生产执行层、远程诊断中心及相关应用的全类型工业软件。至今，康吉森已向市场投运近10000套控制系统，其产品广泛应用于石化、化工、冶金、电力等关键领域。康吉森的市场定位偏向中高端市场，与通用电气、曼透平、日立、西门子等多家跨国大型公司有着长期的合作，其安全仪表系统产品在石油化工、电力等行业应用广泛。

汇川技术。汇川技术专注工业自动化控制产品的研发、生产和销售，定位服务于中高端设备制造商，以快速为客户提供个性化的解决方案为主要经营模式。汇川技术拥有苏州、上海、宁波、香港等地30余家分子公司，2023年，汇川技术实现营业总收入约300亿元，较上年同期增长约30%。其中，小型PLC占据中国第三位的市场份额。产品主要应用于光伏、硅晶、锂电、电梯、印刷包装、机床、纺织、石化、汽车制造等领域。

2）外资企业

艾默生。艾默生在工业自动化领域拥有超过 130 年的历史，是全球领先的过程控制系统和工业软件供应商之一。核心业务包括工业自动化、网络能源、商业和专业工具以及气候技术。主要产品包括 DCS、压力/差压变送器、温度变送器、物位仪表、流量计、分析仪、调节阀等产品。其中，工业自动化业务是其最大的业务板块，占比超过 50%。艾默生在融合科技与技术工程领域中占据领导地位。

日本横河电机是全球知名工业自动化企业，至今已有超过 100 年的历史。其专注过程自动化、测试与测量，以及工业解决方案三大业务领域。提供包括分布式控制系统（DCS）、安全仪表系统（SIS）、过程控制系统，以及工业物联网解决方案在内的产品和服务。其 DCS 产品在全球范围内具有广泛的应用，并以高可靠性和稳定性著称。

罗克韦尔。罗克韦尔拥有百年历史，是全球最大的致力于工业自动化与信息化的公司。1988 年进入中国，目前有 2200 多名雇员，并设有 37 个销售机构，1 个位于上海的全球研发中心，以及大连软件开发中心，深圳、上海和北京 OEM 应用开发中心。并与国内 60 多所大学开展合作，旨在通过领先的自动化、数字化和智能化技术为各行业深度赋能，依托 IT/OT 融合创新的互联企业解决方案，推动制造业的可持续发展。

西门子。西门子是全球最大的工业制造和电气工程公司之一。业务领域包括电力和天然气、医疗保健、工业自动化、建筑、交通和智能基础设施等。在工业自动化领域，西门子提供全面的自动化解决方案，包括可编程逻辑控制器（PLC）、人机界面（HMI）、工业计算机、伺服驱动系统、工业软件等。其中，西门子的 PLC 产品在全球市场占有率较高，具有广泛的应用基础。西门子每年投入约 5% 的营业收入用于研发，在科研经费投入方面，西门子处于全球电器行业首位，并建立了研发中心和生产基地，实现了产品的本地化设计和制造。

施耐德电气。施耐德电气是全球领先的能源管理和自动化解决方案供应商之一。业务范围涵盖能源、自动化、软件和服务等领域，致力于帮助客户实现能源和自动化效率的提升。提供包括可编程逻辑控制器（PLC）、人机界面（HMI）、工业计算机、伺服驱动系统、工业软件等全面的自动化解决方案。其PLC产品在全球市场占有率较高，具有广泛的应用基础。施耐德电气注重技术创新，每年投入约5%的营收用于研发。在中国建立了研发中心和生产基地，实现了产品的本地化设计和制造。

5. 存在的问题与措施建议

1）存在的问题

（1）缺少国产自主高端产品。虽然国内企业在DCS、SIS等产品方面的技术水平已经接近或达到国际先进水平，且市场占有率不断提升，尤其是DCS已占领新增市场主导地位，其余仪器仪表企业也保持了较高的市场集中度，但因受制于基础技术和制造工艺的技术水平，一些影响可靠性的关键技术，如精密加工技术、密封技术，焊接技术等仍未能很好地解决，导致产品在精度、稳定性、可靠性方面有待提升。

（2）创新能力不足。仪器仪表行业产品种类繁多，投入大、周期长、见效慢，仅仅依靠企业自身投入，很难在外国公司先进的技术和雄厚的基础包围下突围，国内相关企业普遍规模不大，基础研究和技术创新投入有限，导致了整体创新能力不足。而科研经费投入不足，也导致了相应人才匮乏。

（3）专业人才缺乏。仪器仪表是重要的工业基础性产业，涉及专业领域多，基础性和实践性特征明显，对人才培养的要求非常高，尤其是产品正向设计人才。

2）措施建议

（1）提升重点仪器仪表产品的能力和水平，支持一批重点产品进行科技攻关和产业化推广。面对数字经济时代的新机遇和新挑战，不断提升主控系统重点产品的技术水平和综合能力，以满足更深入、更全面和更高水平的制造业自动化、数字化、智能化发展需求，在新一代变送器、流量计、控制阀、DCS控制系统、中大型PLC、SCADA系统、工业互联网平台（工业操作系统）、先进控制软件/App等重点方向上持续创新。

（2）做好行业存量市场和应用情况调查，加速自主创新工作的推进。随着网络化程度不断提升，企业在仪器仪表应用方面面临越来越紧迫的网络安全问题，因此，建议由政府部门牵头，组织对仪器仪表重点应用领域存量市场的摸底和对行业骨干企业应用情况的调查，在此基础上加速推进企业自主创新。

（3）加强仪器仪表产业链保障工作。传感器、芯片、基础材料等是制约仪器仪表产业链安全的重要基础，笔者建议政府部门加强组织引导，并协调组织仪器仪表典型代表用户、仪器仪表头部企业和供应链上下游企业，共同组成国产仪器仪表产业链保障联合体，以关键元器件、基础材料和关键工艺为重点，组织开展全链条的技术攻关和产品开发，重点支持行业适配和定向研发、应用验证，通过使用、反馈、迭代等模式，实现产业化推广。

二、科学仪器

1. 主要产品和技术进展

1）主要产品

（1）高分辨率质谱仪

高分辨率质谱仪可对化合物的分子量实现更准确的鉴定，尤其可以用于一些样品中微量和超微量元素的定性和定量。其分辨率超过500 000甚至1 000 000，是质谱仪重点发展方向之一，应用于生命科学、材料科学、地质科学、月球研究、核工业等领域。

（2）扫描探针显微镜

扫描探针显微镜可以实现原子分辨成像，还可以利用 STM 探针尖端与材料表面原子的相互作用，对表面原子进行操纵，从而构筑原子级精准的人工结构。用于研究纳米尺度上物理、化学、生物、材料结构和电子态性质。

（3）高灵敏 X 射线荧光光谱仪

高灵敏 X 射线荧光光谱仪能够对微焦斑 X 射线管出射的高强特征 X 射线进行 Bragg 衍射单色化并聚焦到直径数十到数百微米的聚焦面，对样品中的元素进行单波长激发。具有良好的峰背比，极低的检出限，可以对微量甚至痕量元素进行定性定量检测。

（4）数字存储示波器

数字存储示波器对宽带模拟、高速数字和微波信号进行实时观测与波形分析，能够精确复现时域波形随时间的变化规律，并通过时域到频域变换可以测量信号的频域频谱分布。用于解决雷达、通信、电子侦察与电子对抗、精确制导、模拟核试验等电子系统科研、试验、生产和技术保障测试难题。

（5）微波矢量网络分析仪

微波矢量网络分析仪被称为“微波仪器之王”和微波工程“万用表”，主要用于获得半导体芯片、器件、部件、组件、天线、材料、隐身目标、电磁波传输链路等被测网络的反射与传输特性。解决相控阵雷达、卫星通信与卫星导航、5G 和 6G 移动通信、电子侦察与电子对抗等电子装备科研、试验与生产测试难题。

（6）高速数据网络分析仪

高速数据网络分析仪是数据通信网络测试的关键仪器，主要测试高速数据通信网络及路由交换设备的高速数据转发处理功能、吞吐量、时延、抖动等网络性能，以及协议仿真与分析能力，通过丢包率和时延等指标的测试和分析，实现大规模网络流量模拟，以及对网络设备的压力测试。用于解决高速光纤通信、5G 和 6G 移动通信、卫星互联网等通信方式的高端路由交换设备和数据中心设备的科研、生产、入网测试和运行维护测试难题。

（7）高精度三坐标测量机

高精度三坐标测量机凭借其高精度和通用性，在精密检测、产品设计、生产过程控制和模具制造业发挥着重要作用，高精度三坐标测量技术是未来重点发展方向。

（8）激光跟踪测量仪

激光跟踪测量仪采用了绝对测距、断光再续及激光跟踪技术的球坐标测量系统，是当前大型装备制造不可或缺的核心测量仪器。高精度、高可靠性的激光跟踪测量技术是未来重点发展方向。

（9）蓝光三维扫描仪

蓝光三维扫描仪是三维形貌扫描仪，是支撑大飞机、重载火箭等国之重器国产化精密制造必不可少的数字化检测设备，高精度、抗高光、全自动化是未来重点发展方向。

2）技术进展

（1）高分辨质量分析测控技术：电极设计加工技术通过仿真模拟与实验结合，设计加工静电离子阱电极结构，实现了高容量离子囚禁与存储；镜像电荷检测技术实现了离子信号的镜像电荷检测与放大；信号转换算法实现了统一的、全息的镜像电荷信号转换，提高了串联质谱装置的灵敏度；高压电源技术提供了多个数 kV 级别的直流高压，同时其电压温度稳定性达到了 ppm 级，确保了质谱分析的质量精度、分辨率和稳定性。

（2）离子源及离子传输设计技术：离子源部件实现样品的离子化，离子传输部件将离子源产生的离子注入到质量分析器中。离子产生和传输的效率高、长时间稳定可靠是设计的重点。离子源环节涉及化学反应、多物理场的交叉学科知识，主要目的是如何尽可能多地产生目标物的离子，并且满足样品进样设备对流量设置、目标物化学性质等的需求。离子传输主要考虑气压、真空、电磁场等控制，使离子丢失更少，可以设计为宽范围、选择性、可切换或调节能力的传输方式。

（3）扫描探针精确控制技术：扫描探针控制器是扫描探针系统的重要组成部分。主要包括高压放大器、压电陶瓷驱动器、主控制器、高增益的电流放大器以及控制器软件等。其功能在最大程度上决定了整套扫描探针系统的性能和操作性。

（4）双曲面弯晶技术：可以将光管特征 X 射线单色化，将入射 X 射线聚焦到样品较小面，同时，不同角度和材质的双曲面弯晶可以用于选择不同波长的射线，从而达到选择和高效率激发样品中元素的能力。

（5）波形实时处理与分析技术：由超高速数据流接收、大容量数据存储、低抖动高灵敏度数字触发、快速波形捕获与数字荧光显示等技术组成，是数字存储示波器的核心，决定了数字存储示波器的波形捕获率和存储深度等核心指标。高速数据流接收实现对超高速 ADC 输出数据流接收，大容量数据存储实现高速 ADC 输出数据流存储，低抖动高灵敏度数字触发实现触发点定位，确定示波器显示参考点，快速波形捕获与数字荧光显示减小示波器采集的死区时间，记录电压随时间变化曲线并生成显示图像。

（6）调制域与数据域矢量网络分析技术：突破大功率窄脉冲调制 S 参数测试、双频非线性 W 参数测试、高速数据传输眼图和误码抖动测试等关键技术，解决第三代半导体功率芯片裸片在片测试、非线性模型表征、高速数字系统表征等测试难题。

（7）多端口同时激励与同时测量矢量网络分析技术：突破多端口激励信号独立产生与调控、多端口响应信号同步接收与分析、多端口电子校准与误差修正等关键技术，解决超大规模 T/R 芯片阵列、超大规模相控阵天线、超大规模 MIMO 波束赋形天线和波束跟踪天线、大型隐身装备雷达散射截面等实时测量难题。

（8）2～7 层协议仿真与分析技术：全面测试网络通信协议、协议一致性等关键指标，支持多协议叠加等复杂场景测试，以及路由、接入、组播和 SDN 等各种协议仿真与分析。用于网络通信高端路由器、高速交换机等高速中心设备和网络协议性能测试，满足大规模数据通信网络和数据中心协议分析需求。

（9）超精密多维运动机构设计技术：综合运用运动学、动力学、控制学等学科的理论知识，研究微小惯量精密轴系结构、精密线性驱动及高动态精密控制算法，实现多轴线性、回转运动机构的高速、高精度、高稳定性运动控制，为高精度、高动态扫描与跟踪采样提供精密运动控制手段。

（10）多自由度姿态和位置调整技术：针对尺寸不同、表面特征各异的被测产品，实现产品多自由度调节，调整被测产品的特征测量表面与测头敏感方向的一致性，提高测量结果的准确性和设备使用的广泛性。

（11）空间极坐标系坐标测量系统误差补偿技术：建立空间极坐标系 26 项误差模型，基于空间全局控制点约束的超定系统多参数求解算法计算误差参数，降低系统误差对坐标测量精度的影响。

3）基础零部件和元器件

（1）高可靠涡轮分子泵：广泛应用于科学仪器、半导体、真空镀膜等行业。主要技术参数：抽速 > 300L/s（N_2）；压缩比 > 1011（N_2）；极限真空 ≥ 10^{-7}mbar；MTBF > 16000h。

（2）连续式电子倍增器：可以用于大部分类型质谱仪的离子信号检测，包括电子倍增、微通道板、光电倍增等类型。主要技术参数：模拟增益 ≥ 105；脉冲计数增益 ≥ 107；暗计数率 ≤ 5cps；累计拾取电荷 ≥ 3.5C；能够在空气中长时间保存。

（3）静电场高分辨质量分析器：具有百万级超高分辨率、体积小、故障率低、质量范围宽、灵敏度高等优点。

（4）X 射线管：包含端窗透射靶，用于产生 X 射线原级谱。主要技术参数：铍窗厚度 ≤ 200μm；稳定性<0.05%/8h。

（5）超宽带可变增益放大器模块：主要实现宽带信号增益放大和缩小。主要技术参数：带宽为 10GHz、30GHz、60GHz、110GHz，通道增益调节范围为-22.5dB～+37.5dB。

（6）高速数字信号处理模块：采用可编程逻辑阵列（FPGA）和存储器（DDR），接收和存储模数转换器输出的高速数据流，并进行触发和显示处理。主要技术参数：高速数据接口收发速率为120Gbps、240Gbps、480Gbps、1024Gbps、2048Gbps，存储容量为1Gpts、2Gpts、3Gpts、4Gpts。

（7）超宽带定向耦合器：定向耦合器是矢量网络分析仪的关键核心部件，可以实现入射波、反射波和透射波分离。主要技术参数：方向性为15dB以上，频率范围为10MHz～18GHz/26.5GHz/40GHz/50GHz/67GHz/110GHz/145GHz/220GHz/325GHz。

（8）高性能协议仿真与分析模块：是高速数据网络分析仪的关键部件，实现数据网络协议的2～7层仿真与测试。协议仿真与分析可支持路由、组播、接入、SDN等协议，还可以支持多协议叠加测试。

（9）高端（长度）位移传感器：包括光栅、时栅、磁栅等精密长度位移传感器件，需达到亚微米量级精度，提供高分辨率、高精度的长度位移信息，是实现高精度直角坐标测量的核心零部件。

（10）精密（直线）运动机构：三坐标测量机的运动特性是由三坐标测量机运动机构的精密程度来决定的。包括控制系统、传动机构及执行机构等关键环节，要求达到亚微米量级的动静态定位精度。

（11）高端（角度）位移传感器：包括光栅、时栅、磁栅等精密角度位移传感器件，需达到亚角秒量级精度，提供高分辨率、高精度的角度位移信息，是实现高精度球坐标测量的核心零部件。

2. 竞争趋势和主要动向

1）竞争趋势

科学仪器领域，国内分析仪器始于北京分析仪器厂、上海分析仪器厂等国有企业，逐步发展形成了京津冀聚集区和长三角聚集区，尤其是长三角区域，外资品牌纷纷选择在此设立工厂，该区域产业链集聚，人才集中，整机企业众多，形成了规模优势。电子测量仪器领域，则以北京为产业及技术发源地，华东为重点产业集聚地，中西部技术外溢、新兴产业兴起。机械量测量仪器领域，在西南及东北地区的产业布局以中低端产品为主，产业布局与当初国家工业布局有比较大的依存关系，新兴的面向中高端产品技术的企业主要分布在长三角及华中、华南地区。科学仪器领域，分析仪器的核心零部件供应地区分布相对狭窄。电子测量及机械量测量的核心零部件供应商分布地区较广泛，但大部分产品的主要供应商还是集聚在北京、上海、江苏、浙江、广东等地区。

我国科学仪器与国外先进水平相比仍存在较大差距，关键零部件领域，特别是高端产品尚未实现自主创新，对外资零部件的依赖度高。

2）主要市场动向

我国仪器仪表中低端产品已形成门类齐全的产品体系，在市场中占主导地位。国产产品已经在中低端市场中占绝对优势，仪器仪表是典型的多品种小批量产业，且上游供应商相对比较分散，有的核心零部件在技术指标、体积、成本方面与国外还存在差距，需要采用进口产品。

高端产品目前主要由国外独资企业供货。部分国内企业已经研发出技术指标相当或稍低的样机，但由于缺乏试用机会，尚未得到用户的广泛认可。在目前情况下，如果出现国外独资企业停产的情况，国产产品很难实现替代。另外，国内企业在开发高端产品时所使用的核心零部件大部分需要进口，由于用量太少，目前还没有在国内布局。

我国科学仪器产业链技术水平和供给能力与国外先进水平相比仍存在较大差距，关键零部件领域，特别是高端产品对外资零部件的依赖度高，如质谱仪的核心零部件——分子涡轮泵，目前，国内产品在部分关键性能及稳定性方面与外资产品还有差距，大部分国产质谱仪厂商仍在采用进口分子泵；又如电子倍增器作为一种灵敏度高的检测系统，广泛应用于多类科学仪器中，但目前该产品基本被外资产品所垄断，国内产品尚未大规模量产。

3．年度热点事件

1）国产透射电子显微镜实现重大突破

由苏州博众仪器科技有限公司自主研发的 200kV 透射电子显微镜进入了小批量试产阶段，这标志着国产首台 200kV 透射电子显微镜取得重大突破。由生物岛实验室领衔研制，拥有自主知识产权的首台国产场发射透射电子显微镜发布，标志着我国已掌握透射电镜用的场发射电子枪等核心技术，并具备量产透射电镜整机产品的能力。

2）四极杆飞行时间质谱联用仪国产化率提高

禾信仪器发布国内首台（套）自主研发的四极杆飞行时间液质联用仪 LC-QTOF 7000，该型号是完全自主产权、核心部件国产化的高性能 Q-TOF 仪器，历经多个版本的技术迭代、多项核心技术的开发和验证，实现一批关键部件的自主创新。产品具有高分辨率、高灵敏度、高质量稳定性、高采集速度等优势特点，核心性能指标达到预期水平，同时更契合国内市场的应用需求。此外，项目产生的共性技术、核心部件等科研成果还可在其他系列化质谱产品中使用，助力打造国产高端科学仪器产业链和生态链。

3）电科思仪 110GHz 同轴探针步入国际先进行列

微波测量探针广泛应用于射频集成电路在片测试、管结参数提取、MEMS 器件测试等领域，是发展半导体产业的必备工具。中电科思仪科技股份有限公司于 2022 年推出 Ceyear 36102 系列宽频带同轴探针，集现代微波毫米波宽带匹配设计技术、微型接触片精密成型与装配工艺等于一身，打破了微波测量探针长期依赖进口的不利局面，具有宽频带、低插损、高匹配的电性能。

4）相关核心部件取得突破

2023 年艾睿光电发布了全球首款 8μm 像元 VGA 分辨率的红外

热成像模组。这款 8μm 小像元产品的体积仅为 14mm×14mm×20.5mm。深圳市同昇光电有限公司自主研发的集成光子陀螺仪采用了先进的光学薄膜技术，将传感器、控制器等核心模块集成在一起，不仅大幅度缩小了设备体积还提高了其性能稳定性，为航空航天、工业自动化、机器人技术、无人驾驶等应用领域的拓展提供了新的可能性。

4. 重点企业分析

1）国内企业

聚光科技。聚光科技以高端分析仪器及相关耗材为核心，结合信息化和大数据平台，配合智能装备和服务，为环保、钢铁、石化等领域提供创新产品组合和解决方案。聚光科技经过多年的发展，虽然已经成为国内高端分析仪器行业的领先企业，但与全球领先的分析仪器公司相比，还存在很大的距离。2022 年聚光科技实现营业收入 34.51 亿元，比上年同期下降 8.00%。聚光科技实现新签合同总金额约 46 亿元，较上年同期增长约 12.2%，其中，子公司谱育科技新签合同额约 21.2 亿元，较上年同期增长约 58.2%，成为公司业务重要的增长点。

同方威视。同方威视是全球知名的安检仪器产品和安检解决方案供应商，为全球 170 多个国家和地区的客户提供安检领域先进的创新技术、品质卓越的产品及综合的安检解决方案和服务。2022 年同方威视年报显示，公司实现营业收入 237.61 亿元，与上年同期相比有所下降。

电科思仪。电科思仪是中国电科集团下属股份制企业，主要进行电子测量仪器、自动测试系统和器部件产品研究、开发、设计，在微波毫米波、光电、通信、基础测量及相关技术领域，达到国内领先、国际先进水平。产品广泛应用于卫星、通信、导航、雷达、科研、教育等领域，并为载人航天、探月、北斗、光纤通信、移动通信、大飞机制造等国家重大工程提供测试保障。2022 年营业收入近 20 亿元。

华大智造。华大智造专注于生命科学与生物技术领域，以仪器设备、试剂耗材等相关产品的研发、生产和销售为主要业务，为精准医疗、精准农业和精准健康等行业提供数字化设备和系统。目前已成为全球少数几家能够自主研发并量产从 Gb 级至 Tb 级低中高不同通量的临床级基因测序仪的企业之一。得益于经营规模的扩大，公司 2022 年实现营业收入 42.31 亿元，同比增长 7.69%；净利润达 20.26 亿元，同比增长 319.04%。

2）外资企业

是德科技。是德科技是全球电子测量公司，在无线、模块化和软件解决方案等领域不断创新，拥有世界一流的测量平台、软件和一致性测量技术，为无线通信、航空航天与国防及半导体等市场提供更先进的测量解决方案。是德科技的业务起源于美国惠普公司，是惠普公司电子测量集团 1999 年经重组成为安捷伦科技，2014 年再次分拆上市而成立的一家高科技跨国公司，发布的年报显示，在 2023 年营业收入占比中，通信解决方案 36.85 亿美元，占 67.44%，电子测量解决方案 17.79 亿美元，占 32.56%。

海克斯康。海克斯康是一家总部在瑞典的跨国公司，从生产精密检测设备起家，三坐标测量机的市场占有率居全球第一。2022 年海克斯康年报显示，其全年营业收入规模近 52 亿欧元。海克斯康主要有两大业务板块，一是地理空间解决方案，即基于激光扫描、机载摄像机、无人机等捕捉现实的传感器，再经由软件处理在 3D 绘图或精准定位方面的商业应用，该板块贡献了 25 亿欧元营业收入；二是工业企业解决方案，即基于传感器和软件在工业计量测量领域的商业应用，该板块贡献了 26 亿欧元营业收入。海克斯康预计在 2022—2026 年间营收年均增长幅度为 8%～12%，其中 5%～7%来自有机增长，3%～5%来自收购带来的结构性增长。

赛默飞。赛默飞提供包括高端分析仪器、实验室装备、软件、服务、耗材和试剂在内的实验室综合解决方案，并为卫生保健、科学研究及安全和教育领域的客户提供系列的实验室装备、化学药品及其他用品和服务。公司 2022 年全年营收增长 15%至 449.2 亿美元，分析仪器部门全年营收 66.24 亿美元，收入占比 14.7%，高于去年同期 60.69 亿美元，营业利润为 15.07 亿美元，营业利润率为 22.8%。公司营业利润增长主要由电子显微镜、色谱和质谱业务所拉动。

5. 存在的问题与措施建议

（1）重视关键核心部件自主研发，科学仪器关键核心部件种类繁多、要求精度高，配套企业积极性不是很高。国内外仪器整机单位一般都非常重视关键核心部件设计与制造工作，以美国是德科技公司和我国电科思仪公司的微波毫米波测量仪器为例，微波毫米波关键核心部件均为自主设计与加工制作，如果公司不具备关键核心部件设计制造能力，仅依赖进口和外购，首先不一定能采购到合适的部件，其次即使能采购到合适的部件，其成本和价格极高，根本不具有市场竞争能力。

（2）重视关键核心材料与器件自主研发，科学仪器所用材料和器件种类繁多，一般材料和器件可以市场采购，但关键核心材料和器件仍需自主研发，以高速数字存储示波器 A/D 变换器为例，因其需求量小且技术难度大，集成电路生产制造企业积极性不高，美国是德科技公司和泰克公司等均是自己设计并委托加工，享有自主知识产权，性能指标均高于集成电路企业能够提供的通用 A/D 变换器，国内电科思仪公司和普源精电公司均成立了集成电路设计团队，自主研发高速 A/D 变换器，以满足市场批量要求。

（3）重视仪器产业链建设，仪器整机企业一般都非常重视仪器产业链建设，不仅拥有众多的材料和器件供应商，而且还特别重视培养专业化供应商，比如高精度加工制作、特种零件制作、工业软件设计等专业化企业。在国外，一个大型仪器公司往往由上百个专业公司提供支撑，以美国是德科技公司为例，公司重点放在仪器整机集成方面，其余部件专业化分工明确，不少小公司专门为是德科技公司提供配套产品，比如美国 VDI 公司提供太赫兹扩频模块，Cascade Microtech 公司提供在片测试系统，Maury Microwave 公司负责负载牵引测试系统集成等。

（4）国内外相关仪器企业加强与研究机构和高校的合作，在产品设计的基础性理论性方面，往往委托高校和专业研究机构解决，尤其是在设计开发、关键技术攻关、软件算法等方面，大型仪器企业一般拥有数十个甚至数百个长期合作伙伴，彼此相互了解，并建立了良好的信任关系。

（5）加强高端产品领域布局，科学仪器（质谱仪、定制化测量仪、矢量网络分析仪、数字存储示波器）企业提高产业集中度，特别是要打造仪器仪表产业作为产业基础与下游企业之间共同创新的良性互动生态。使国产高端产品能在应用中不断改进优化，并实际解决下游企业在试用国产高端产品时所带来的经济和责任等问题。

编写单位：中国仪器仪表学会

编写人员：张莉、于美梅、杨娟、吴斌、徐乐、胡峰、蒋浩、张奥男、吴爱华、吴腾飞、韩顺利、陈昕

审稿人：张彤、朱毅明、王刚、莫威、郏继贵、年夫顺

第八章

工程机械

中国工程机械行业经历了5年的正增长后，自2021年下半年开始进入下行周期，2022年行业延续下行态势，2023年行业仍处于筑底阶段，但总体发展态势积极向好，国际市场竞争优势持续提升，且行业集中度进一步增加，行业向数字化、智能化、绿色化加速转型，自主创新持续加速，在产品研发、技术研发上不断取得突破。主要体现在以下三个方面。

一、主要产品和技术进展

1. 基础零部件与元器件领域

虽然我国工程机械配套件生产起步较晚，但除了高端液压件及其配套产品、动力换挡变速箱、驱动桥等关键设备零部件仍需要从国外采购，其他零部件已基本实现国产化。液压件方面，我国高端工程机械所需液压件长期依赖进口。从其部件看，液压缸已基本实现国产化，液压泵、液压马达正逐步加快自主创新，只是在液压阀方面我们与国外企业的差距仍然存在。发动机方面，虽然国产发动机已经在装载机及路面起重机市场占据较大份额，但国内自主技术柴油发动机性能指标仍无法满足挖掘机市场产品配套要求，多数企业选用进口及合资品牌柴油发动机产品。电控系统方面，国外行业巨头企业设计的电控单元可靠性高、稳定性强，应用层算法精准，牢牢控制了行业高端市场，国内企业正加速追赶以实现国产化。在“四轮一带”产品方面，国内企业已经完全可以实现进口替代及产业化生产；在挖掘机斗齿方面，各主机厂也基本实现国产化配套；国内电液变速箱基本满足国内工程机械生产需要；在可靠性方面，采用国产件的整机虽然在第一次大修期与国外领先产品依然有差距，但差距也在逐步缩小。

2. 基础材料领域

在工程机械用橡胶、辅料等辅材上基本实现国产化。在液力变矩器等核心零部件涂层材料等方面取得不断进展，有效提升了产品性能。国内企业先后解决了钢水纯净度、钢材冷冲压成型尺寸控制等难题，突破高强钢制造技术，解决了高强度工程机械用钢方面技术短板，打破了国外行业垄断。在紧固件、轴承、模具等基础件产品材料领域，新型无机非金属材料取得明显进展和进步。在新材料方面，国内企业创新开发了碳纤维复合材料增材式一体成型方法，研制出碳纤维臂架泵车，实现了碳纤维结构的原材料国产化、制造装备国产化。但在齿轮钢材、高强度铸件毛坯、摩擦材料等共性基础技术的研究方面，我们与国际领先水平还有一定差距。

3. 基础工艺领域

虽然国内企业在整体式液压多路阀铸造核心工艺技术方面不断取得突破，核心液压元件国产化步伐不断加快，超高速激光熔覆工艺及装备在行业实现产业化应用，但在关键核心装备技术上与国外仍有一定差距，尚未突破产业化和工程化应用瓶颈。承载构件高效高质绿色焊接工艺涉及的核心部件仍严重依赖进口，在高性能整体成型工艺、高可靠连接与装配工艺、热处理及表面处理工艺、超精密抛光技术等方面的技术尚未突破高端应用技术瓶颈，国内企业在关键核心装备技术上与国外还存在一定差距。

4. 基础产业技术领域

工程机械行业重点企业通过改进设计、优化工作装置和结构件等关键部件，对制造技术工艺进行了升级改造，加强了对零部件质量的管控，有序推进信息化车间和智能化工厂建设，进一步提升了产品质量。同时对关键部件如箱、桥、大型结构件等进行了寿命提升，进一步提高了整机产品的可靠性和耐久性。但与国际主流企业相比，国内企业在整机与关键部件的能效、可靠性及安全性等核心指标，试验检测技术、高端液压件检测技术、工程机械标准验证与评价体系、工程机械智能化仿真试验平台等方面差距较大。

二、竞争趋势和主要动向

1. 竞争趋势

1）市场变化趋势

工程机械全球销售区域主要集中在中国、欧洲、北美、印度和日本等国家和地区。从全球市场来看，工程机械行业已经迈入成熟稳定期，竞争者进入存量博弈阶段，市场集中度较高，鲜有新的市场进入者。近十年，我国工程机械市场集中度呈逐年上升趋势，通过技术竞争胜出的行业龙头企业在品牌效应、规模效应等方面的优势越来越突出，资源进一步向优势企业聚拢，行业集中度进一步提升。伴随我国工程机械制造水平和产品竞争力的提升，国产品牌集体崛起，自主创新趋势更加明显。

2）产业结构趋势

工程机械产业资源整合加快，国内外制造商的合作、并购、强强联合进一步深化。随着新一代信息技术和电子商务的深入应用，企业资源深度融入世界工程机械的产业链供应链。工程机械制造服务业水平持续提高，高端工程机械产品竞争愈加激烈，中低端产品升级换代明显。

3）技术发展趋势

工程机械正处于数字化、智能化、轻量化、节能与环保等技术发展阶段，并向高性能、多功能、高可靠性、人性化、环境适应性、能源多样性及工程机械机器人化方向发展。信息化、智能化成为主流发展趋势，包括生产制造的数字化、智能化，产品的智能化、绿色设计、绿色制造及产品的节能技术，生产过程中的降耗与废物再利用、清洁能源应用、再制造规模化发展等。全球化协同及制造服务业成为新的增长点。

2. 主要动向

1）产品电动化趋势加快

在全球环保政策趋严及国内“双碳”背景下，工程机械电动化趋势愈发明显，传统工程机械主机厂纷纷布局新能源工程机械领域，适用于封闭和固定工作环境等应用场景的细分品类已率先走向电动化。全球范围内的头部工程机械企业已深入布局电动化设备，在技术自研的同时也和“三电”企业开展深度合作，不断推出多类型电动化工程机械产品。全球工程机械龙头企业如卡特彼勒、沃尔沃建筑设备、三一重工、徐工机械等已推出多款电动化工程机械产品。

2）行业数字化转型进一步深化

工业互联网平台已成为工程机械企业数字化转型的重要板块。数字化技术、5G 建设以及竞争环境催生的商业模式转变，进一步推动工业互联网布局，加速了工程机械行业转型趋势。卡特彼勒在全球有超过 100 万台的设备实现远程数据互联。小松与全球显卡巨头英伟达合作，共同开发建筑施工领域的 AI 解决方案。徐工汉云作为我国第一个自主研发的工业互联网平台，已成功赋能装备制造、工程机械等 80 多个行业，服务企业超 7 万家。树根互联作为三一重工全面数字化、智能化的服务商，其业务已辐射 112 个国家和地区，连接超 90 万台的高价值工业设备，设备类型超过 5000 种。中联重科的云谷科技、山东临工的大数据处理中心等，已广泛应用于智慧矿山的建设中。未来，随着行业应用场景的不断增多，工业互联网研究持续加强，工程机械数字化产品和功能将更加成熟化、多样化。

3）行业部分企业向农机领域转型

近两年，受国内工程机械行业进入下行调整期，叠加宏观经济增速放缓、新冠疫情反复、工程有效开工率不足等因素影响，国内工程机械行业市场需求减少，农机领域成为工程机械企业新的开拓空间。中联重科、柳工集团、徐工机械、三一重工等企业纷纷布局农机领域。中联重科成立中联农业机械股份有限公司，入局农机领域，目前已经在国内农机领域名列前茅。柳工机械的甘蔗收获机已经进入市场化销售，目前又实现了拖拉机批量销售。徐州农业装备科技有限公司作为徐工集团重点发展的战略性产业板块，致力打造“三农”现代化发展新方向。三一重工经营范围也新增了农业机械制造、农业机械销售，正式进入农机行业。近年来，农业农村部、工业和信息化部等部门出台相关政策，提出要鼓励工程机械等大型工业企业向农机、种业领域集聚，推动工程机械企业向农机领域渗透新进程。

4）行业海外市场份额有所提升

近年来，虽然国内市场动力不足，但海外市场已形成一定规模。国内厂商通过收购兼并、海外建厂等方式不断加快海外市场开拓，2021—2023 年我国工程机械出口额分别为 340.26 亿美元、403.22 亿美元、485.52 亿美元，维持高增长趋势。近五年国内工程机械海外收入 CAGR 为 34%，目前海外业务占比 35%左右；此外，海外市场毛利率大幅高于国内市场，利润空间可观，海外市场已成为国内工程机械行业未来的主要增长动力之一。

从产品国际竞争来看，近十年，中国工程机械产业快速发展，产品、技术研发不断突破，以徐工机械 2600 吨级全地面起重机、中联重科 12000 吨米级塔式起重机为代表的大吨位、高技术、高附加值产品快速迭代，中国产品品牌在海外基本形成，中国产品在海外市场得到广泛应用和认可，国际影响力进一步提升。目前，中国主流企业海外销售额平均占比为 20%，中国工程机械产品海外销售额增幅总体已经超过 50%，未来一段时间将进一步保持增长态势。

三、年度热点事件

山河智能首款纯电动微小挖掘机成功下线。2022 年 1 月，山河智能自主研制的首款纯电动微小挖掘机 SWE20FED 成功下线。该设备充一次电可工作一天，充分发挥零排放、零污染的独特优势。

日立公司宣布出售日立建机股份。2022 年 1 月，日本日立公司宣布，同意出售其建筑机械子公司的 26.1%股份。此次出售是其长达 10 年的资产组合重组的最新举措，旨在将重点转向利润率更高的数字化业务。

约翰迪尔收购迪尔—日立合资工厂。2022 年 3 月，约翰迪尔宣布已经获得三家迪尔—日立合资工厂的全部所有权，并开始与日立建机签订新的许可和供应协议。随着此次收购的完成，约翰迪尔实现了把控其挖掘机的设计、产品和功能更新，从而能够更快速地响应客户需求，并将挖掘机与其他迪尔工程机械产品成套集成。

康明斯收购皆可博车辆系统。2022 年 4 月，康明斯完成对 Altra Industrial Motion 旗下皆可博车辆系统的收购。收购完成后，皆可博的发动机制动和停缸技术，将为康明斯带来新的技术创新和增长机遇，进一步推进康明斯的零碳战略，有助于康明斯实现到 2050 年实现净零排放的发展目标。

山特维克将收购德国申克 Process 集团的采矿业务。2022 年 5 月，山特维克宣布收购德国申克 Process 集团的采矿相关业务（申克矿物处理）。此次收购实现了破碎、筛分行业巨头合二为一，有利于山特维克巩固其在岩石处理技术领域主要客户群体中的地位。该交易将使山特维克能够扩展更全面的筛网产品，为其拓展市场业务增加巨大潜力。

国产天然气发动机本体热效率创世界纪录。2022 年 11 月，潍柴动力对外发布了本体热效率达到 54.16%的天然气发动机商业化产品，与此同时，企业研制的本体热效率达到 52.28%的柴油发动机也一并发布。创造了天然气发动机和柴油发动机行业新的世界纪录，天然气发动机热效率历史首次超越柴油机。

小松宣布收购德国 GHH。2022 年 12 月，小松宣布收购总部位于德国盖尔森基兴的 GHH Group GmbH（GHH），进一步扩大其地下硬岩采矿设备范围。收购完成后有利于小松进一步扩大地下采矿设备产品范围、加快新产品的开发，扩大小松在地下采矿设备方面的供应，增加客户在新地区获得产品的机会。

卡特彼勒宣布投资电池技术公司。2023 年 1 月，卡特彼勒宣布投资美国 Lithos Energy 电池技术公司，该公司专门从事非公路和海洋用耐冲击和高性能电池解决方案的设计和制造。这进一步表明，卡特彼勒致力于为其混合动力和全电动机器及发电产品提供更低碳的先进动力技术，支持客户进行能源转型。

小松启动氢燃料电池中型液压挖掘机概念车的实证实验。2023 年 5 月，小松启动了一款以氢燃料电池作为动力的中型液压挖掘机概念车的实证实验（PoC）。小松表示将在 2030 年将生产环节和产品使用环节产生的 CO_2 排放减少 50%（与 2010 年相比）的经营目标，到 2050 年实现碳中和的目标。

日立建机打造新能源迷你挖掘机（电池式）。2023 年 6 月，日立建机展出了采用最新技术打造的 ZX55U-6EB 新能源迷你挖掘机（电池式），在保持与发动机型产品相同工作动力的同时，电驱动型产品在噪声控制和动力成本支出方面具有明显优势，此款产品同时支持商业电源和电池的切换使用，其灵活性、便利性和低碳价值在欧洲市场广受认可。

徐工机械与丰田汽车签订氢能领域战略合作协议。2023 年 7 月，徐工集团与丰田汽车签订徐工—丰田氢能领域战略合作协议，双方将以徐州为中心打造氢能整机及核心零部件产业基地，带动徐州氢能全产业链发展。

三一重工 50 吨级纯电动汽车起重机投入使用。2023 年 8 月，行业首款 50 吨级的纯电动汽车起重机三一 STC500BEV 投入使用，其配备了高性能电池和大功率电机，整车动力强劲，可实现零排放行驶和作业，纯电作业超两个台班。另外还支持外接配电柜插电作业，可告别续航焦虑，有效满足部分地区低作业成本及严格的环保要求。

小松、日立、电友三方共同研发的氢混烧发电机实现商品化。2023 年 8 月，由小松与日立合作共同提供技术支持、日本电友开发的 250kW 氢混烧发电机成功实现商品化。该发电机将氢的混烧率设定为 50%，相较于仅使用氢柴油，能够最大限度地减少发电过程中二氧化碳（CO_2）的排放量，最高降幅可达 50%。

日立建机将发布远程操控液压挖掘机。2023 年 11 月，日立建机宣布 2024 年 5 月起将在日本市场发售支持远程操作解决方案的“RBT（READY TO BE ROBOT）系列”液压挖掘机。首批实现远程操作的机型包括 20 吨级 ZX200A-7 和 30 吨级 ZX330A-7 两款中型液压挖掘机，主要面向通用建筑和土木工程客户。

小松宣布收购美国电池解决方案公司 ABS。2023 年 11 月，小松宣布收购美国电池解决方案公司 ABS，以推动工业电气化进程。ABS 正在开发、制造用于商用车和工业用车的锂离子电池。此外，双方也将共同致力于开发先进的储能系统等。

沃尔沃建筑设备向安迈集团出售 ABG 摊铺机业务。2023 年 12 月，沃尔沃建筑设备和安迈集团达成协议，安迈集团将收购沃尔沃建筑设备全球范围内的 ABG 摊铺机业务，包括位于德国哈梅林（Hameln）的 ABG 工厂。

四、重点企业分析

《中国工程机械》杂志联合全球工程机械 50 强峰会组委会连续多年发布“全球工程机械制造商 50 强”排行榜。进入 2022 年和 2023 年全球工程机械 50 强榜单前五名的企业为卡特彼勒、小松、徐工机械、三一重工、约翰迪尔，各企业主要情况分析如下。

1. 卡特彼勒

卡特彼勒是建筑工程机械和矿用设备、柴油和天然气发动机、工业用燃气轮机及电传动内燃机车领域的全球领导者。依托于多年的发展，公司发展布局已经趋于完善，拥有 300 余种机器产品，在工程机械产业链上下游均有相关布局，业务还遍布了工程机械周边领域，产业链纵向布局优于同行业其他公司。榜单显示，卡特彼勒蝉联全球工程机械 50 强榜单榜首，2021 年全年销售收入 320.69 亿美元，2022 年全年销售收入 375.38 亿美元。

近年来，卡特彼勒大力发展数字化战略，通过拓展的数字化服务，使数据转化为有价值的信息，通过数字化系统实现全价值链连接，利用数据洞察提供高价值服务，成为行业数字化转型的领导者。卡特彼勒多方面布局新能源领域，通过布局可持续性的新产品，减少产品排放与提升能源效率，同时发展氢燃料供电系统，为客户提供电力解决方案。通过研发更高效的动力源、更灵活的燃料使用方法、实现代替现有动力源的新动力源或混合动力形式动力源等。

2. 小松

小松与卡特彼勒是全球工程机械领域的双寡头，是全球最大的两家工程机械及矿山机械制造企业之一。主要业务包括建筑、采矿与公用设备、工业机械及其他，以及零售金融业务等。2021 年小松实现销售收入 222.28 亿美元，2022 年小松实现销售收入 246.48 亿美元，连续两年在榜单中排名第二位。

小松通过对采矿设备进行自动化和远程操作进行布局，实现更优化和更高生产率的矿山运行，有利于减少燃料的使用和二氧化碳的排放，从而实现碳中和的目标。小松还积极为下一代零排放采矿设备和基础设施的产品进行规划、开发、测试和部署，着手开发多动力源概念卡车等产品，目标在 2030 年之前实现商业化。

3. 徐工机械

徐工机械是中国工程机械产业的奠基者和开创者，是我国工程机械行业规模大、产品品种与系列齐全、极具竞争力的千亿级龙头企业。主要从事起重机械、铲运机械、压实机械、路面机械、桩工机械、消防机械、高空作业机械和其他工程机械及备件的研发、制造、销售和服务工作。其中，起重机械、移动式起重机、水平定向钻机位居全球第一；随车起重机位居全球第三；摊铺机、旋挖钻机、履带起重机等 12 类主机产品稳居国内行业第一。2021 年徐工机械销售收入达到 183.79 亿美元，2022 年徐工全年销售收入达到 134.07 亿美元，连续两年在榜单排名第三位。

近年来，徐工机械持续加大研发投入，坚持自主创新，兼收并蓄全球创新技术，构建起以产业基础技术研究、应用技术研究、试验发展等为主的三层技术创新体系。徐工机械自主研制出全球首创最大起重能力达 88000 吨米的履带起重机，以全球首创轮履两用概念起重机、全球最大吨位 XR800E 超大型旋挖钻机、全球最大吨位 XZ13600 水平定向钻机、全球第一高度 JP80 举高喷射消防车、亚洲第一高度 DG100 登高平台消防车等一系列标志性产品，引领中国高端制造。

4. 三一重工

三一重工主要从事工程机械的研发、制造、销售和服务。公司产品包括混凝土机械、挖掘机械、起重机械、桩工机械、筑路机械等。其中，混凝土设备为全球第一品牌，挖掘机、大吨位起重机、旋挖钻机、路面成套设备等主导产品为中国第一品牌。2021 年，三一重工实现销售收入 166.97 亿美元，榜单排名第四位。2022 年，三一重工全年销售收入 118.82 亿美元，榜单排名第五位，较上一年排名下降 1 位。

在公司战略方面，三一重工坚持把数字化作为第一大战略，积极推进数字化、智能化、电动化转型。以“灯塔工厂”建设为核心，以数据采集与应用、工业软件应用、流程为抓手，通过产品智能化建设，打造数据驱动型公司；通过全面推进主机产品电动化及相关核心技术开发，致力于打造高品质、低电耗、高体验的电动化产品，全面开启电动化转型，引领行业电动化趋势。

5. 约翰迪尔

约翰迪尔是全球领先的工程机械、农用机械和草坪机械设备的制造商。约翰迪尔的业务并不仅仅局限于农用机械，其在工程机械行业也已经发展多年，挖掘机、装载机等产品在北美地区相当受欢迎，已经成为北美最大的两家工程机械制造商之一，产品销售范围覆盖了世界多个国家。2021 年，约翰迪尔工程机械实现销售收入 113.68 亿美元，榜单排名第五位。2022 年，约翰迪尔工程机械实现销售收入 125.34 亿美元，榜单排名第四位，较上一年排名上升 1 位。

约翰迪尔的工程机械业务，主要是从兼并重组相关工程机械企业而发展起来的，在收购维特根集团之后，其在工程机械和路面机械产品领域的地位进一步提升。此外，约翰迪尔在无人驾驶、精准控制及远程诊断、控制方面技术均已十分成熟，具备诸多行业领先技术。但随着其他外资品牌的生存空间被挤压、中国本土品牌的市场占有率进一步提升等影响，自 2021 年 11 月 1 日起，约翰迪尔宣布逐步停止在中国的工程机械整机销售。

五、存在的问题与措施建议

1. 存在的问题

1）产业基础薄弱，创新能力不强

我国工程机械在全球产业链中总体上处于中游位置，但关键核心技术缺乏，产品附加值低，自主知识产权的产品比重小，企业创新研发基础相对薄弱。在一些高端产品领域尚未掌握关键核心技术，这制约了行业能力水平和产品质量性能的提高；关键零部件自主研发制造和检测能力不能满足需要；工程机械中高端主机和重大技术装备所需的关键零部件、元器件依赖进口。

2）产品质量不高，寿命有待提升

我国自主品牌挖掘机、工程起重机、轮胎式装载机、叉车、履带式推土机等产品的平均无故障间隔时间为 300～500h，而国外高端产品平均无故障间隔时间约为 1000h。产品耐久性国外为 15000～20000h，而国内只有国外的 50%左右。产品操控性、舒适性、减振降噪、环境适应性、安全性等方面也与国外同类产品存在一定差距，如司机耳边噪声水平部分机型的差距仍在 5 分贝以上，机外辐射噪声水平差距也有 2 分贝以上。部分机种还未建立科学的能耗评价体系，产品本身能耗较大，整机环保水平与国外发达国家和区域仍有较大差距。

3）共性技术薄弱，缺乏协同平台

产品减振降噪、减量化、节能减排、可靠性等共性技术制约工程机械的高端化发展。围绕产品研发与升级、新材料和复合材料、制造、销售与服务等层面的数字化、网络化和智能化研发应用的共性技术薄弱。行业企业和上下游产业链间各自为战，缺乏沟通、协同、共享，未形成有效合力，对高端装备和关键零部件的创新发展能力不足。中小企业上下游产业链平台缺乏，行业的横向协同平台尚未建立。

4）高端产品缺失，中低端产品同质严重

国内工程机械行业总体呈现产能结构性过剩，特别是多年来一直存在低端产品过剩，同质化严重，高端产品能力不足等问题，与工程机械行业高质量发展目标要求存在一定距离。高端液压件、高端底盘、大吨位发动机等零部件进口量大，面临采购价格高、供货周期长、供货不稳定等“卡脖子”问题。在中低端设备领域，零部件逐步实现自主创新，但产品同样存在同质化竞争激烈、劣币驱逐良币的现象。

2. 措施建议

1）国家层面

一是通过政策引导企业实现工程机械行业强国战略目标，推进国产零部件性能考核、装机试验进程，提高统一质量要求及产品标准；二是发挥政府的战略导向作用，出台税收优惠政策，进一步减轻企业负担；三是建立老旧工程机械报废淘汰更新机制和支持政策，推动工程机械设备更新，健全市场退出机制，有序安排并引导企业向制造现代化、智能化方向发展，引导金融机构精准对接产业链，拓宽企业融资渠道，降低融资成本。

2）产业层面

推动建立以企业为主、科研机构、国家重点实验室和高等学校等共同参与的产业技术联盟，研究建立产学研用风险分担机制、成果补偿机制和利益共享机制，共同投资、共担风险、共享成果，以原始创新和集成创新为手段，发挥联盟技术攻关作用，围绕重大共性技术和关键技术、前沿技术实现突破，提升产业创新科研能力。

3）企业层面

鼓励企业推进技术标准和知识产权战略，引导企业将技术法规、技术标准及检测方法纳入国家和国际标准，掌握技术和经济竞争的主动权，对符合标准的企业，予以重点支持。借助各级技改、智能制造政策支持力度，引导更多企业加大以智能化、自动化改造为重点的技改投入，激励企业加大自主研发力度，研发更多国产化替代产品，适时调整工程机械行业首台（套）保险补偿范围和标准，进一步加大保险力度，促进解决国产化产品不愿用、不敢用问题。

编写单位：机械工业规划研究院有限公司

编写人员：杨复钰

审稿人：秦龙杰、王万

第九章 建筑材料

当前，建材行业正处于推进高质量发展、提前实现碳达峰目标的关键时期。经过近几年的努力，建材行业科技创新工作取得了一系列突破性进展，建材产品质量和内在价值明显提升，一些重要领域的关键产品、核心技术与装备取得突破，航空航天、交通工程、国防装备、电子信息、环保服务等战略性新兴产业和重大基础工程实现规模化应用，建材“大国基石”的作用愈发彰显。

一、主要产品和技术进展

建筑材料包括众多细分领域，以下主要围绕特种水泥、超高性能混凝土、先进玻璃材料、先进陶瓷材料、高性能纤维及其复合材料、矿物功能材料、人工晶体材料、绝热保温材料等重点领域展开分析。

1. 特种水泥

我国在特种水泥应用、固废资源化利用及水泥工艺装备技术等方面总体处于世界领先/先进水平。特种水泥在复杂服役环境下取得应用创新，低热硅酸盐水泥首次全坝应用于 300 米世界级特高拱坝白鹤滩水电站；铁铝酸盐水泥在华龙一号核电厂示范应用；川藏工程专用水泥已通过试用验证，将在高海拔地区广泛应用；低密度油井水泥助力页岩气开采固井工程，填补国内空白。绿色低碳数字智能的水泥工艺技术装备广泛应用，水泥窑炉中低温 SCR 脱硝工艺技术及装备实现自主研发和应用；水泥窑模块化轻量化低导热窑衬技术取得重大突破；水泥窑烟气二氧化碳捕集纯化示范线在安徽海螺水泥股份有限公司白马山水泥厂及青州中联水泥有限公司建成。但是，我国在绿色低碳前沿技术开发方面仍落后于世界知名建材企业，西麦斯德国水泥厂在 2021 年已启动绿色氢气脱碳项目试验，英国水泥厂率先开展净零一次化石燃料商业规模试验，而我国水泥氢能利用技术还处于攻关起步或小试阶段。

2. 超高性能混凝土

我国超高性能混凝土（UHPC）的技术开发水平不断提升，应用领域持续拓宽。世界首台 UHPC 风电混塔在江苏涟水投入使用，开创 UHPC 材料混塔使用先河，有效满足风电机组大型化要求，成为风电塔架结构性能提升的重要突破。UHPC 预制免拆模板、型钢-UHPC 组合结构等新产品有效满足重大工程建设需求。UHPC 幕墙以其轻型化、高强度、易塑性等特点正成为国内外绿色节能建筑的首选材料。

3. 先进玻璃材料

面向交通运输、能源动力、电子信息、生命健康等战略性新兴领域的重大需求，我国先进玻璃产业在玻璃组分体系研究、流程工艺优化、场景应用等方面不断取得突破，成为新兴产业的关键功能材料。

信息显示玻璃。国内首条 8.5 代 TFT-LCD 玻璃浮法生产线和锂铝硅玻璃生产线建成投产，打破国外对我国高品质电子显示玻璃领域的长期垄断。0.12mm 超薄电子触控玻璃、0.03mm 柔性可折叠玻璃等关键核心技术取得突破和工业化量产，实现国内万亿级信息显示产业的“固链、补链、强链”。

新能源玻璃。我国光伏玻璃产业整体处于国际领先水平，光伏玻璃等材料自给率超过 98%。全球首条日熔化量 1200 吨的一窑八线光伏玻璃生产线在安徽成功引板，首次使用了熔窑阶梯式池壁专利技术。世界规模最大的千吨级全氧燃烧光伏玻璃生产线正式投产，实现光伏玻璃制造过程的节能降碳。铜铟镓硒发电玻璃实现自主研发，光电转换率达到 20.4%，碲化镉薄膜和铜铟镓硒薄膜发电玻璃已成为光伏建筑一体化（BIPV）领域首选的新能源发电材料。

特种玻璃。滤紫外耐辐照石英玻璃成功实现自主研制，护航神舟十五号载人飞船发射。超纯石英玻璃制备与高精度摆片加工技术及表征方法取得突破，特种石英玻璃、红外玻璃、航天器窗口玻璃成功应用于天宫、探月、北斗等多项国家重大工程。中性硼硅 5.0 药用玻璃国产化关键技术取得突破，实现在高端医疗包装领域的应用。全海深海底地震仪玻璃球舱在马里亚纳海沟成功完成首次万米海试与试验性应用任务，实现我国全海深玻璃球舱制备“零的突破”。

4. 先进陶瓷材料

美国、日本、欧洲等发达国家和地区对于先进陶瓷的技术和应用研究处于世界前列，其中美国在高温结构陶瓷方面的研究最为成熟，在航空航天和核工程应用领域处于绝对领先地位。我国部分先进陶瓷产品已实现批量生产，并占领一定的国际市场。中材高新材料股份有限公司建成我国首条 100 吨高性能氮化硅陶瓷生产线，成为继日本东芝、美国库斯泰克之后全球第三家实现热等静压氮化硅陶瓷轴承球产业化的企业，产品已应用于长征五号运载火箭、空间交会对接工程、载人航天工程、嫦娥工程等军事国防领域。高导热氮化硅陶瓷基片的研发与产业化取得重大突破，热导率及标准片平整度等指标达到日本同等水平，为我国新能源汽车的发展注入澎湃动力。大尺寸碳化硅陶瓷基复合材料成功应用于多个卫星型号，在空间遥感卫星领域实现应用突破和自主保障。多层片式陶瓷电容器在高容量、小尺寸等技术发展方向上取得创新突破，应用于航空航天、医疗设备、5G通信、智能手机等领域。复杂形状透明陶瓷的成型和致密化关键技术研制成功，用于深海视频采集系统、海洋照明和光通信装备。

5．高性能纤维及其复合材料

我国高性能纤维及其复合材料产业正在快速发展，尽管在高端领域的技术应用与国际先进水平仍存在一定差距，但部分产品已经达到全球先进水平。

碳纤维及其复合材料。我国万吨级48K大丝束碳纤维实现规模化生产和关键装备国产化，并应用于风能、太阳能、高铁动车、飞机部件等重要领域。高强型T1000碳纤维千吨级工业生产技术研发成功，我国成为继日美之后第三个掌握超高性能碳纤维工业技术的国家。T800级高强碳纤维复合材料成功应用于C919大型客机。神舟载人飞船使用的大尺寸、多开口推进分系统主承力薄壁加筋截锥。大型碳纤维复合材料制品，是我国自主研制的大型复合材料结构件。

玻璃纤维及其复合材料。国内首条电子级超细纱生产线和国内首条低价电玻璃纤维池窑生产线建成，填补国内空白，满足5G通信领域的迫切需求。100GPa超高模量玻璃纤维实现池窑化量产，可用于大型风力叶片、光缆加强芯、飞机部件、汽车制造、耐高温材料等产品制造。增强热塑性高性能玻璃纤维复合材料产量稳定增长，逐步应用于航空航天、新能源发电、新能源汽车、智能家电等新兴领域。

玄武岩纤维及其复合材料。世界首条万吨级池窑连续玄武岩纤维生产线在四川罗江投产，玄武岩纤维浸润改性、玄武岩纤维复合材料配方和工艺优化技术取得突破。美国玄武岩生产商Mafic和

TMG材料集团合作，大力拓展玄武岩纤维增强树脂基复合材料在汽车及轨道交通领域的应用。

6. 矿物功能材料

我国首台（套）连续式石墨纯化装备启动运行，标志着我国石墨高温纯化技术取得重大突破。天津大学和佐治亚理工学院攻克石墨烯带隙技术，成功制造世界首个由石墨烯制成的功能性半导体，有望引发电子领域的范式转变。高性能球形硅微粉核心技术实现国产化替代，用于大规模集成电路，是新一代电子信息技术产业链必不可少的环节。凹凸棒石作为天然纳米结构材料，在抗菌材料、能源材料、分离材料、3D打印等领域应用成为研究热点，我国利用凹凸棒石替代抗生素已实现产业化应用。

7. 人工晶体材料

8英寸Nd、YAG、10英寸Yb。我国YAG激光晶体世界领跑，保障了高功率激光技术的持续自主可控。大口径RT晶体通过工程化应用验证，实现激光照射/测距系统用电光器件国产化替代。8英寸铌酸锂薄膜为实现低损耗、高带宽的光芯片规模制造奠定了核心材料基础。我国开发出高质量CVD ZnS/ZnSe材料，在航空、航天领域实现应用突破和自主保障。3英寸$LaBr_3$: Ce闪烁晶体自主研发成功，有效满足深空探测应用需求。8英寸SiC和6英寸Ga_2O_3宽禁带半导体晶体研制成功，打破国外半导体技术封锁和“禁运”。

8. 绝热保温材料

近年来，各国研究人员通过改进气凝胶制备工艺，开发出生物质基气凝胶、石墨烯气凝胶、聚合物气凝胶等多种新型气凝胶。我国成功制备350℃疏水气凝胶及1700℃高温气凝胶，并在新能源汽车领域实现规模化应用，填补国内外空白。纳米气凝胶被应用于祝融号火星车，并为其保驾护航。二烯烃深冷橡塑绝热制品研制成功并应用于石油化工、工业气体管道等低温深冷工程。防/隔热一体中密度预混料成功应用于神舟十八号载人飞船关键部位。

二、竞争趋势和主要动向

1. 竞争趋势

新材料产业是战略性、基础性产业，也是高技术竞争的关键领域，世界各国争相加大对新材料的投入和支持，以抢占新材料发展的制高点。面对全球能源危机、环境保护、部分产能过剩的多重压力，建材企业的经营成本负荷不断加重，建材行业全球市场竞争加剧成为趋势。此外，随着新一代信息技术高速发展，尽早掌握和应用先进技术的企业将获取更多的市场优势，届时可能会重塑建材行业的竞争格局。以下将从建材行业重点细分领域展开分析。

水泥全球市场较为集中，中国建材、海螺水泥、豪瑞集团、海德堡材料、华润建材科技五家水泥企业产量位列前茅。行业龙头企业纷纷加快绿色低碳转型升级，豪瑞集团在欧洲完成三次补强型收购，扩大其绿色增长解决方案和产品组合。面对水泥工业需求下滑和价格竞争加剧的新形势，水泥产量将以总碳量控制总产量，市场格局或被重塑。

玻璃整体市场集中度较高。其中，电子玻璃以美国康宁、日本旭硝子、日本电气硝子、东旭光电、德国肖特、彩虹集团为主；汽车玻璃呈现寡头垄断的格局，行业进入壁垒较高，市场竞争格局稳定，主要厂商包括福耀玻璃、艾杰旭、板硝子、圣戈班等，头部企业市场份额占比超过 80%；光伏玻璃在国内市场集中度较高，我国在全球市场的占有率超过 90%，光伏玻璃技术与产业均处于国际领先水平。

先进陶瓷高端产品市场被美国、日本、德国、法国等发达国家垄断，其拥有的大型跨国集团在核心技术、研发能力、市场份额等多方面占据绝对优势，伴随中国、俄罗斯、韩国等国家加大新材料研发投入，未来将加剧市场竞争强度。

玻璃纤维全球市场高度集中，中国巨石、美国欧文斯科宁、日本电气硝子、泰山玻纤、重庆国际复合材料、山东玻纤六大玻纤生产企业占据全球玻纤总产能 75%以上，行业进入壁垒较高，全球龙头地位较为稳固。

碳纤维全球市场集中度较高，日本东丽、德国西格里、日本三菱丽阳、日本东邦、美国赫氏五家企业合计产能占全球总产能一半以上。其中，日本三家企业东丽、东邦和三菱占据全球小丝束碳纤维市场份额约 50%；美国赫氏占据全球大丝束碳纤维市场份额的 50%以上。基于碳纤维极高壁垒的行业属性，全球供应呈现明显的垄断格局。我国碳纤维 2022 年产能达 11.2 万吨，吉林化纤、中复神鹰、吉林宝旌、江苏恒神等是国内主要的碳纤维制造商。随着汽车轻量化和风力发电的不断发展，日本三菱已通过收购意大利碳纤维增强塑料汽车零部件供应商拓展碳纤维在汽车零部件的应用，全球碳纤维在该领域的竞争将更加激烈。

非金属矿部分产品市场集中度较高，法国英格瓷公司、美国尤尼明公司、美国矿物技术有限公司、瑞士欧米亚集团、德国巴斯夫集团等是非金属矿行业的龙头企业。非金属矿产业严重依赖各国矿产资源优势，我国的滑石、膨润土、石膏等储量位居世界第一，高岭土、硅藻土、石墨、云母等储量位居前列。我国非金属矿行业以中小企业居多，行业集中度较低，严重缺乏规模性大企业，与国际非金属矿龙头企业相比整体竞争力偏弱。

2. 主要动向

当前，新一轮科技革命和产业变革加速演进。新材料、新能源、先进制造等技术正在引发工业基础的变革。新材料已经成为各国必争的战略性产业，是经济发展、社会进步及国防安全的基础和先导，对于构建科技制高点和国际竞争优势至关重要。美国、欧盟和日本等发达经济体竞相出台政策支持新材料发展。美国发布的《材料基因组计划战略规划（2021版）》强调了人工智能驱动的材料研发技术，《先进制造业领导战略》制定了“开发世界领先的材料和加工技术”战略目标，围绕高性能材料设计、优化和应用，增材制造和矿物等关键材料提出行动计划。欧盟第六次框架计划中专门提到高性能陶瓷及其复合材料的先进制备技术。日本发布的《科学技术创新基本计划（2021—2025年）》，提到将基础领域的AI技术、材料技术等作为发展的重点领域。中国也相继发布了《建材工业鼓励推广应用的技术和产品目录（2023年本）》《重点新材料首批次应用示范指导目录（2024年版）》《原材料工业数字化转型工作方案（2024—2026年）》等政策，旨在鼓励建材行业研发应用新工艺、新装备、新技术、新产品等。

（1）绿色低碳技术将加速赋能建材工业转型升级

原料替代技术。减少碳酸盐用量，提高电石渣、磷石膏、氟石膏、锰渣、赤泥、钢渣等含钙固体废弃物替代石灰石比重是未来降低水泥生产工艺过程二氧化碳排放的趋势之一。发达国家已率先开展水泥原料替代的试验研究，全球首个零碳排放水泥的工业规模性试验项目于2023年在英国正式启动，豪瑞集团研发了全球首款内含20%拆建废弃物的水泥产品。

燃料替代技术。太阳能、氢能、生物质燃料等可再生绿色能源成为水泥、玻璃行业替代燃料利用的主要方向。美国和加拿大联合研究出一种利用电化学工艺制造水泥的新方法，是首个同时实现原燃料替代的工艺方法。豪瑞集团采用农业垃圾等生物质燃料和城市固体废弃物作为水泥回转窑燃料替代化石燃料。华新水泥建成生活垃圾衍生燃料高比例替代燃煤水泥生产线。日本旭硝子在实际生产炉中成功进行了全球首个以氨为燃料的玻璃生产示范试验。英国皮尔金顿首次成功利用氢气100%替代天然气生产平板玻璃。

碳捕集利用与封存技术。美国能源部为水泥等领域的碳捕集项目提供了价值 4560 万美元的联邦资金。海螺水泥建成世界首条水泥窑烟气二氧化碳捕集纯化示范线，正在打造全球水泥行业首个“零外购电”标杆工厂。青州中联水泥已建成每年 20 万吨 CO_2 捕集、提纯、利用项目，是目前国内水泥行业规模最大的 CO_2 减排、利用项目。水泥窑烟气 CO_2 制备混凝土砖生产技术在世界首次应用成功，开辟水泥行业 CO_2 利用新途径。我国玻璃行业的碳捕集纯化关键技术及装备研发实现零的突破，率先面向全球建材行业开展技术工程化示范应用。

大宗固废综合利用技术。法国圣戈班使用 100%碎玻璃和 100%绿色能源率先实现平板玻璃零碳生产。海螺水泥采用城市生活垃圾焚烧处理技术，通过 9MW 垃圾焚烧发电和水泥窑协同处置固危废，年发电量约 5000 万度，实现生活垃圾“减量化、资源化、无害化”处理。

（2）数字化智能化技术与建材工业融合程度更深

人工智能技术。针对矿山开采、生产过程控制、设备管理、质量管控、能源管理等关键业务环节，综合运用机器视觉、图像处理、专家系统、智能控制等人工智能技术，与无人驾驶矿车及智能调度、设备预测性维护、质量在线检测、能源管控与优化等行业的典型场景进行深度融合应用。

先进过程控制系统。水泥行业的窑炉和磨机实时优化过程控制，玻璃行业的大型窑炉炉温优化控制，高性能纤维及其复合材料的窑炉预测预报正在加深先进过程控制系统的应用。

工业机器人。玻璃行业的切割分拣、搬运码垛、磨边钻孔、铺纸包装机器人，陶瓷行业的搬运码垛机器人、自动引导运输车，混凝土及水泥制品行业的切割、拆模机器人，高性能纤维及其复合材料的摆托、包装、包膜等工业机器人正成为应用方向。

增材制造。视觉控制喷射与模糊断层扫描等前沿技术推动 3D 打印混凝土领域不断革新。卫生陶瓷的 3D 打印母模技术及装备开发是新兴的技术趋势。

卫星遥感技术。利用卫星遥感影像实现矿山地形三维展示，用于矿山地质灾害监测、生态环境恢复治理等场景。

三、年度热点事件

我国水泥行业已实现碳达峰。2023 年中国建筑材料联合会明确提出，水泥行业提前实现碳达峰已成为现实，建材行业全面实现碳达峰，迈向碳中和的时代正在到来。从碳排放量看，自 2020 年我国水泥行业二氧化碳排放量达到 12.3 亿吨的峰值后，2021 年、2022 年连续两年下降，累计下降 13.9%。综合宏观环境、技术发展及市场变化等因素可以确定，今后水泥行业碳排放量或有起伏，但碳达峰已经实现。

世界首套玻璃熔窑二氧化碳捕集与提纯示范项目投运。2022 年 9 月，中建材（合肥）新能源光伏电池封装材料二期暨二氧化碳捕集提纯项目顺利投产，首次采用变压吸附耦合吸附精馏的创新工艺，以玻璃熔窑烟气中 35%浓度的二氧化碳为原料，经烟气处理、二氧化碳捕集、压缩、精馏和液化，制成纯度为 99.99%的液态二氧化碳，产品质量达到国家食品级标准。该项目填补玻璃行业低碳技术空白，打造全球玻璃行业减碳、固碳、管碳典范，有效促进我国玻璃行业实现“双碳”目标。

全球最大高性能碳纤维基地全面投产。2023 年 5 月，中国建材集团所属中复神鹰年产 2.5 万吨高性能碳纤维项目在青海西宁全面投产，是全球单体规模最大的高性能碳纤维生产基地，标志我国已实现高性能碳纤维自主保障，成为全球三大掌握高性能碳纤维技术的国家之一。产品主要用于大飞机机身、航空航天、风力发电、光伏新能源等领域，进一步满足国产碳纤维的高端需求，技术水平、规模布局、单线产能、产品质量等方面均达到国内领先、国际先进水平。

全球业务规模最大企业新天山水泥诞生，中国建材集团完成水泥板块整合。中国建材集团将旗下优质水泥企业中的中联水泥100%股权、南方水泥99.93%股权、西南水泥95.72%股权、中材水泥100%股权注入上市公司新天山水泥，成为A股有史以来最大的并购案。2021年9月完成整合后，新天山水泥一跃成为全球业务规模最大、产业链完整、全国性布局的水泥公司，必将引发水泥行业新一轮的竞争与洗牌。

四、重点企业分析

在全球建筑材料领域，典型代表性企业主要包括中国建材、海螺水泥、瑞士豪瑞集团、CRH集团、圣戈班集团、日本京瓷株式会社、中国巨石集团、日本东丽集团等，其主要情况分析如下。

1. 中国建材

中国建材是全球最大的综合性建材产业集团，主要业务涵盖基础建材、新材料和工程技术服务三大板块。其中，水泥、商混、石膏板、玻璃纤维、风电叶片、水泥玻璃工程技术服务等7项业务规模居世界第一；超薄电子玻璃、高性能碳纤维、锂电池隔膜、超特高压电瓷等多项新材料业务国内领先。旗下拥有新天山水泥、中国巨石、凯盛玻璃等世界一流建材强企，并设有中国建筑材料科学研究总院，作为无机非金属材料领域的中央研究院为集团科技发展、战略布局提供保障。

2. 海螺水泥

海螺水泥是全球最大的水泥建材企业集团之一，主营业务包括水泥制造、塑料制品、装备制造、新型物流、建筑安装、国际贸易、耐火材料、环保、绿色能源等。海螺水泥大力推进光伏发电、风能发电和储能电站等新能源产业发展，研发应用节能环保低碳新技术、新工艺、新材料、新装备，建成世界首条水泥窑尾烟气二氧化碳捕集项目，实现发展方式的全面绿色转型。

3. 瑞士豪瑞集团

瑞士豪瑞集团位列2023全球建筑材料上市公司百强榜单第二名，主营业务为水泥、预拌混凝土、骨料、环保、新型建筑材料等领域。近年来，瑞士豪瑞集团以绿色、低碳、循环为主线，致力于实现净零排放、推进循环经济发展并引领行业低碳转型，具体措施包括使用替代燃料和混凝土回收等。集团的研发重点在于碳捕集利用与封存技术、水泥生产的替代原/燃料技术、可回收骨料制备技术等。

4. CRH 集团

CRH 集团是全球建材领导者之一，业务范围主要涵盖重型结构材料（水泥、预拌混凝土、骨料）和建筑产品（混凝土砌块、地砖、玻璃门窗、保温材料等），制造并供应品种丰富的一体化建材、产品及创新解决方案，覆盖公共基础设施工程、商业建筑及居民住宅等整个建筑行业。CRH 正由单一的材料供应商向综合解决方案供应商转变，未来将持续调整资产结构，将资产投入能够持续回报的高增长领域。

5. 圣戈班集团

圣戈班集团是一家全球领先的玻璃制造商。主营业务包括玻璃制造、陶瓷塑料、石膏建材等高技术材料，广泛应用于汽车、家庭和办公室以及健康和工业应用。圣戈班集团致力于到2050年实现碳中和战略目标，积极开展提高工艺过程的能源效率行动，持续改进产品设计和材料配方。

6. 日本京瓷株式会社

日本京瓷株式会社（以下简称京瓷）是世界领先的精细陶瓷生产商，主营业务包括核心零部件、电子零部件、解决方案等。近年来，京瓷在陶瓷封装和通信两个业务模块重点发力，通过增加产能、提前布局市场、加大技术研发力度等措施提高企业在全球先进领域的市场份额。京瓷计划在未来三年投资4000亿日元（约合人民币205亿元）用于发展半导体业务，重点聚焦于下一代半导体加工设备（高级集成，包括微布线和3D结构）的零部件，材料和高附加值模组，精细间距、薄型、高精度倒片封装，具有高速信号和高带宽存储器的模块基板等产品的相关技术。

7. 中国巨石集团

中国巨石集团是全球最大的玻璃纤维生产企业，近年来，企业加强玻纤与复合材料全产业链的协同创新与开发应用，高端产品结构持续优化，E9超高模量玻璃纤维已实现池窑化量产。中国巨石集团正在大力发展可再生能源光伏发电，在东部、中部、西部三地同时启动自建光伏项目。

8. 日本东丽集团

日本东丽集团（以下简称东丽）是全球最大的碳纤维生产企业，主营业务包括纤维纺织品、塑料化工品、IT相关产品、碳纤维复合机能材料、环境工程、生命科学六大板块。近三年，东丽加大碳纤维新生产线的投资，以满足新交通、可再生能源、核电、航空航天等高科技行业的需求。东丽的商业模式从专注于航空航天市场转向绿色能源生产等新兴行业，研发重点转向绿色创新和生命科学相关技术。

五、存在的问题与措施建议

1. 存在的问题

我国在高端材料工艺与装备水平方面有待提升。当前，部分高端无机非金属材料的基础研发、制备方法与产业化应用仍存在短板，无法充分满足国民经济的快速发展，与发达国家有一定差距，产业链供应链安全稳定及关键产品保供能力仍需加强。钛酸钡、氮化铝、碳化硅等陶瓷高纯高性能纳米粉体，超高纯石墨、高纯石英等非金属矿物材料制备技术相对国外先进水平较落后。高世代基板玻璃、高强高模电子级玻璃纤维、中间相沥青基碳纤维、光学级金刚石等高端材料的加工技术及装备相比国外差距巨大，亟须实现自主创新。

原创性、引领性技术仍有待突破。目前我国建材行业的科技创新仍以集成创新为主，原始创新能力仍有待提高。现有的新型干法水泥、浮法玻璃工艺、玻纤池窑拉丝等主流技术，更多的是跟随式开发或引进消化再开发，重大原创性、颠覆性技术和产品的研发创新亟待解决。

2. 措施建议

国家层面。一是构建有利于建材行业绿色、低碳、安全、高质量发展的政策体系，通过专项支持、资金补贴、科技保险等形式，引导建材企业向国家战略安全领域拓展，加大力度扶持关键基础材料、工艺与装备的研发及新技术攻关；二是统筹协调促进资源的高效配置，深化国家与地方联动、政府推进与企业主导结合的机制，引进社会资本和金融资本投入，探索产融结合创新模式；三是营造良好品牌建设环境，引导主流媒体针对龙头企业、制造业单项冠军、专精特新“小巨人”等开展宣传报道，提高建材企业品牌认知度和忠诚度。

产业层面。一是加大行业协会、咨询机构、产业联盟、骨干企业、科研院所等的合力作用，做好政策落实、智库研究、交流合作和引领示范作用；二是健全建材行业标准体系，形成一批具有原创核心技术的重点标准，提升我国建材行业的国际话语权；三是完善行业人才体系建设，加强无机非金属材料、绿色低碳、智能制造等复合型人才培养。

编写单位：中国建筑材料工业规划研究院/建筑材料工业信息中心
编写人员：江源、郭捷楠、马玉、鲍越、赵天宁、沈雪、韩冬阳、万佳艺、胡雅涵
审稿人：胡芝娟、高智、王健、茆令文、涂溶、刘长雷、王文利、陈建荣

第十章

环保装备

一、产业发展概况

环保装备制造业是环保产业的基础性产业，也是生态文明建设和绿色发展的重要物质基础。环保装备制造业具有政策导向性强、产品覆盖面广、产业关联度高、资金技术密集、社会责任重大的行业特征，其中社会责任是排在第一位的。环保装备制造业由环境保护专用设备制造和环境监测专用仪器仪表制造组成，专用设备制造产值占比超过 90%，包含大气污染治理、水污染治理、固体废物处理处置、土壤污染防治、环境保护专用材料与药剂、噪声与振动控制等领域。水、气、固占全行业产值的 90%以上，故本章着重围绕以上三个领域展开。

经过近四十年的快速发展，我国环保产业的规模和整体水平已经进入国际第一方阵，部分领域已经具备了参与国际竞争的能力。主要技术装备水平与国际上基本处于同等水平，在“领跑、并跑、跟跑”中总体处于并跑，部分已经处于领跑。产业发展初现规模化和专业化的特点，逐步形成了若干个具有比较优势和特色的环保产业集群。已经形成了近万亿级的产业和市场规模。

2023 年是全面贯彻党的二十大精神的开局之年，是三年新冠疫情防控转段后经济恢复发展的一年，全国生态环境保护大会胜利召开，习近平总书记指出未来五年是美丽中国建设的关键期。我国生态文明建设进入了以降碳为重点战略方向、推动减污降碳协同增效、促进经济社会发展全面绿色转型、实现生态环境质量改善由量变到质变的关键时期。在高质量发展和“双碳”背景下，环保装备要面临低碳化、资源化与多污染物协同脱除等多种新问题、新挑战。加强环保装备制造业产业基础研究及成果推广转化对于美丽中国建设目标的实现时间更为紧迫，意义更为重大，作用更为凸显。2023 年随着《国家鼓励发展的重大环保技术装备目录（2023）》、产业基础再造、节能环保新材料平台等一系列政策措施的出台和落地，环保装备制造业产业基础领域发展提速明显，成绩斐然。

二、主要产品和技术进展

水污染治理领域的技术发展主要体现在“常规污染物协同处理与优化”和“难降解污染物高效利用”两方面。技术相对成熟的城镇污水处理技术致力于提质增效反硝化除磷、短程硝化反硝化、厌氧氨氧化等技术进一步优化。工业废水治理技术集中于处理高含盐废水、高浓度氨氮废水和难降解有机废水的资源化利用。其中，对于高含盐废水处理技术，重点发展柱塞流填充床电解装置、改性纳滤膜资源化处理工艺等，针对双膜工艺，进一步解决了浓盐水蒸发后废盐的处理与利用去向问题。对于高浓度氨氮废水处理技术，采用“蒸馏/精馏+生物处理”和“化学氧化+生化强化”等工艺，实现工业高浓度氨氮废水的高效处理和资源化利用，难降解有机废水处理技术，重点发展了强化预处理技术，其中协同催化氧化技术应用效果突出。

大气污染防治领域主要集中在工业源烟气多污染物超低排放、

移动源尾气治理以及碳捕集利用与封存等领域。其中工业源烟气多污染物超低排放系统主要包括：高效除尘协同脱除 SO_3、SO_2、协同脱除细颗粒物和重金属，脱硝协同脱二噁英等多污染物装备。VOCs治理技术近年来得到了快速的发展和提升。主流的治理技术，如吸附技术、焚烧技术、催化技术等不断发展和完善，生物治理技术的适用范围不断拓宽。常温催化氧化、低温等离子体、光解、光催化等新的治理技术也在不断地发展完善中。移动源尾气污染物近零排放系统主要包括国六标准机动车后处理、国四标准非道路机械后处理、国二标准船舶后处理等装置已进入应用阶段。碳捕集利用与封存系统多处于研发与试验应用阶段，主要包括：低成本碳捕集，CO_2矿化、海洋地质封存，CO_2 减量和回收、甲烷回收利用等装备，CO_2制备燃料、CO_2制备化学品、工业氧化亚氮及含氟气体替代工艺装备。

固废处理技术仍以无害化处理处置为主，大宗固废主要侧重高附加值利用，城镇生活垃圾处理焚烧技术路线逐渐成为主流，农村生活垃圾处理也有向热解、焚烧方向倾斜的势头，但二次污染问题和小吨位垃圾焚烧设备经济合理性问题依然没有得到解决。污泥处理技术方面，开发研制了好氧厌氧两段消化、酸性发酵碱性发酵两相消化及中温高温双重消化等新工艺，污泥热处理-干化、低温热解、等离子法、超声波等新的污泥处理技术及装备。

1. 基础零部件

1）电源技术研究成果显著

相关企业开展了纳秒电源的技术研究，提高了设备的稳定性，同时开展了纳秒电源在工业尾气降解技术的应用研究。研究了全套工艺流程、反应器和纳秒电源的适配性能参数。通过试验研究了纳秒电源在 VOCs 治理过程中的应用范围、脱除效率等技术短板。

2）高效工业滤筒及褶皱滤袋应用增量明显

工业滤筒和褶皱滤袋均可大幅增加过滤面积，降低过滤风速和阻力，有利于10mg/m^3甚至5mg/m^3超低排放的实现。同时其改造方法简单快捷，改造工作量小，工期短，特别适合现场空间受限、含尘浓度不高、烟气湿度较低、黏性较小的除尘改造项目，在满足经济合理性的前提下达到超低排放提标改造标准，近年来成果已成功应用于钢铁、建材等行业，越来越受用户认可，经济效益和社会效益显著。

3）多项袋式除尘器配件技术产品升级开发成功

脉冲阀是袋式除尘器不可或缺的重要配件。通过对智能脉冲阀性能的优化与升级，在原先的传感元件中增加了智能硬件，对电磁脉冲阀的运行数据进行预处理，有效减少了数据的传输量，并在数据采集传输装置中使用了Key-Value技术,大幅提升了数据传输的可靠性和稳定性。升级配套智能喷吹控制装置，为脉冲喷吹袋式除尘器实现超低排放提供配套新技术支撑。

2. 基础材料

1）纳米纤维滤料的应用范围不断扩大

采用纤维纤度≤1.0Daniel（≈8μm）的合成纤维或直径5m^3以下的机纤维做迎尘面的滤料，超细面层滤料具有过滤精度高、透气性佳、阻力小等诸多优点，是当前袋式除尘实现超低排放的主流过滤材料之一。迎尘面所采用的纤维越细，过滤性能越好。近年来各国纷纷开展超细纤维的研究，由国内多家企业联合研发的纤度为0.08Daniel（<1.0μm）的海岛纤维已实现大规模商业化应用。

2）高性能陶瓷平板膜材料成果显著

中国石油大学（华东）重点围绕陶瓷平板膜材料的可控结构化进行设计，揭示了工艺参数等对于陶瓷平板膜材料的理化性能、微观结构等影响，提高了陶瓷纳滤膜的分离性能和运行稳定性；重点开发了高性能涂覆层材料调配及工艺参数，攻克了陶瓷平板膜易开裂脱落难题，并针对陶瓷平板膜材料的涂覆层改性，阐明了陶瓷平板膜材料性能优化机制及原理，匹配了材料成分与性能优化内在联系，发展了膜材料相关性能表征手段。中国石油大学（华东）建立了一套国际化评测机制和标准体系，发表相关论文1篇，申请专利2项。该材料的研发工作取得显著成果，在多个关键技术指标上对标国际龙头企业，处于国内领先地位，为我国陶瓷膜材料的产业化提供了重要支撑。

3）新型VOCs吸附材料和催化剂实现快速发展

复合功能催化剂领域，针对含氮有机物的治理开发了具有选择氧化+还原功能的双效复合催化剂。树脂吸附材料与溶剂回收技术领域制造技术得以突破，并在化工、制药、农药等行业含氯溶剂的回收方面应用广泛。在介孔活性炭与高沸点溶剂回收技术领域，国内研究开发了以介孔（大于2nm的孔隙）为主的活性炭吸附材料，应用于高沸点溶剂油的吸附回收，在诸如70号溶剂油（以三甲苯等重芳烃为主）的回收方面实现突破，取得了良好的经济和社会效益。

4）超细玻璃纤维过滤材料研发实现突破

武汉理工大学针对无碱玻璃开展了全面的测试表征，对无碱玻璃的组成、形貌和结构进行了分析研究。依据测试研究结果，制定无碱玻璃原料配方优化方案，显著提升基础玻璃的物化性能和力学性能。其软化点温度超过750℃，其弹性模量值超过90GPa和抗弯强度超过160MPa，表现出卓越的耐高温特性和力学性能，实现了原材料研发方面的突破。经优化的玻璃成型温度降低约100℃，这不仅有利于提高玻璃纤维拉丝工艺的效率，还有助于生产过程中的节能减排。武汉理工大学已完成1篇相关论文的投稿，1项发明专利及4项实用新型专利的申请。研究成果为超细玻璃纤维过滤材料的国内研发奠定了重要基础，对促进国产过滤材料替代进口具有重要意义。

5）催化滤袋技术取得进展

催化滤袋可除尘和协同脱除氮氧化物、二噁英等多种污染物，具有节能省地、降本减碳等优势。由浙江鸿盛和中国科学院过程工程研究所联合研发的脱硝除尘一体化滤袋取得新进展。通过利用中低温 SCR 催化机理，将 ePTFE 覆膜滤料的高效过滤技术和中低温 SCR 催化剂的催化功能有效结合，成功突破除尘+脱硝协同一体化治理的技术难关，催化滤料使用温度 180℃～260℃，脱硝率可达 95%以上，二噁英脱除效率可达 99%以上，使用寿命可达 3 年。目前已在国内垃圾焚烧发电、熔铸炉和焦炉等烟气净化项目中成功应用。

3. 基础制造工艺

好氧颗粒污泥技术推广应用良好。由北京城市排水集团有限责任公司研发并实践应用，已建成总规模 80 000m^3/d 的好氧颗粒污泥工程，2023 年设计并开工建设了 100 000m^3/d 的垡头好氧颗粒污泥工艺再生水厂。该技术在节省占地、降低能耗和药耗等方面具有显著优势。连续流好氧颗粒污泥技术，由清华大学牵头研发，成功建成全球首个大规模（25000m^3/d）连续流好氧颗粒污泥工程。该工程由 AAO 工艺进行轻量化改造升级，完成后出水稳定性达到考核指标的同时，还可减少占地面积，节省污泥回流能耗。

除尘器生产智能化水平提升。国内袋式除尘行业骨干企业需加强加工制造装备的智能化升级。企业在主机和配件加工制造装备的智能化升级方面持续发力，焊接机器人及自动化焊接生产线、脉冲阀智能生产线等自动化生产装备频现。建立了尘箱体和圆形筒体除尘器制造的智能自动化焊接工作站，箱体板加工尺寸达 10000mm×3000mm，圆形筒体加工尺寸直径为ϕ4500mm×5000mm，焊接板材厚度为 2.50mm～6.00mm。在脉冲阀加工制作方面，综合应用数字化传感、网络管理、智能化改造等新技术，开创了产品的全自动智能装配和检测分选，实现了电磁阀的无人化数字智能生产。

4. 基础软件

采用数值模拟计算软件、智能传感、互联网、大数据、数字孪生和人工智能等技术，通过不断升级实现大气污染治理高端装备数字化设计，提升装备性能、效能及智能化水平。大气污染治理领域多污染物超低排放精准智能喷氨的智慧脱硝系统，在原有基于脱硝流场全断面诊断控制、前后多点浓度反馈技术的基础上，进一步优化了预测控制算法，采用物联网、数据仓库、数据可视化等技术，丰富了智能喷氨技术的大数据管控平台。仿真模拟智能化设计、控制系统不断升级。

福建龙净环保针对燃煤机组除尘、脱硫脱硝等设备，依托人工智能、大数据、数字孪生等技术手段，深入挖掘各设备运行数据特性和潜在规律，融合行业专家知识体系，从智慧脱硝、智慧除尘、智慧脱硫、智慧环保岛协同、关键设备预测性维护等方面展开关键技术研究与攻关，最终构建了一套具备智慧控制和故障诊断功能的智慧环保岛节能优化控制系统，并在20多个燃煤机组进行应用，助力煤电行业减污降碳。2023年6月通过中电联成果鉴定，技术整体达到国际领先水平。

三、竞争趋势和主要动向

1. 竞争趋势

在环保装备领域，国际上处于领先水平的国家依次是美国、日本、德国、中国、英国。从行业发展阶段来看，当前我国环保装备制造业处于快速发展的后期，我国技术发展水平次于美国、日本和德国，排名第4。其中，部分领域处于“领跑”“并跑”“跟跑”地位，例如，大气污染防治装备整体实现“并跑”，在烟气超低排放除尘等方面处于“领跑”地位。水污染防治装备整体上处于“跟跑”地位，在 MBR 法市政污水治理领域部分领跑。固废处理处置装备形成了一批具有本土化技术优势的垃圾焚烧炉炉排装备，在污泥压滤设备等领域基本实现“并跑”，景津装备的板框式压滤机连续 21 年保持世界产销量第一，处于“领跑”地位。在土壤污染防治及干式厌氧发酵等新兴治理领域，工艺装备与领先国家存在明显差距，处于“跟跑”地位。

1）总体差距明显缩短，短板部分加速追赶

我国环保整体技术水平与国际先进水平差距由 10～15 年缩短为 5～10 年，差距明显缩小，甚至有 10%的技术在国际上处于领先地位。污染治理技术装备在工程应用业绩、成本和服务等方面总体具有优势。但行业短板依然存在，特别是在关键零部件、核心原材料、高端监测仪器仪表及装备标准化、模块化、系统化设计等方面与国际领先水平仍然存在差距。大部分环保装备仍以实现达标排放为单一导向，难以满足节能降碳、综合利用、资源回收等全方位需求。污染治理装备生产与应用过程中具有绿色、低碳、能源自给、资源输出等属性的技术研究以实验室阶段为主，对应智能化、数字化、网络化等跨界融合的新技术新装备还有很大的提升空间。预计通过 5～10 年的努力多数产品能解决自给问题，整体环保装备技术水平达到国际先进水平。

2）外部环境恶化，“走出去”难度增加

近年来，突如其来的新冠疫情席卷全球，国际经济形势也随之受到巨大影响。同时国际上的民粹主义、单边主义思潮开始大行其道，发展中国家的基础建设资金投入受到美元回流影响，严重削减。国际形势对于正在执行的国际项目、需要调试服务的国际项目及国际市场的开拓造成巨大的影响。我国在国际基础设施和能源建设的停工项目占 40%，近 50%的新项目开发被迫延迟。环保行业国际市场的开拓将会更加艰难，市场萎缩严重，需求明显下降。未来一段时期内，环保装备仍以国内市场为主且市场份额也将长期以国产装备为主。

2. 主要动向

1）协同创新提升行业整体水平

在当前碳达峰碳中和背景下，我国污染防治工作已进入温室气体与环境污染物协同治理的新阶段。围绕我国改善环境质量和应对气候变化目标，污染防治装备产业面临新机遇和新挑战。当前全行业围绕以下方面正在持续发力：突破低碳节能、资源循环利用和环境安全风险控制工艺与装备技术瓶颈，攻克一批污染治理关键核心技术装备及材料药剂，提高绿色产业水平，推进水污染防治产业发展；瞄准未来技术发展制高点，打破产业界限，促进分子技术、生物技术、新材料、清洁能源等前沿技术与环保产业协同创新发展，促进技术创新，加快成果转化，提高专业化水平与综合解决能力，加速转型升级，以满足更大公共空间与复杂环境问题的解决，以污染防治技术装备的高速发展引领环保产业的稳步提升。

2）融合发展加快行业转型升级

一是跨尺度和跨要素、跨学科的交叉技术研究，以环境技术的突破引领相关领域的进步和跨学科融合。包括与新材料技术融合创新，实现高端环境材料自给自足总体达到国际先进水平；与生物技术融合，形成支撑污染治理与生态修复的环境生物体系。二是信息技术、人工智能、云计算和大数据等新一代信息技术与污染防治技术装备逐步融合。促进行业智能化设计、智能化制造、智慧化运维等能力建设，推动“互联网+大环保”等智慧环保业态发展。智能化、数字化与环保装备深度融合，充分解决“技术先进性不足、装备集成度低、系统智能化水平有限”的短板与瓶颈问题，助力环保产业的低碳、绿色、智能化转型升级。

3）点源治理逐步向面源治理拓展，单一污染物治理向多污染物协同治理延伸

生态环境保护的重点从总量控制向环境质量改善转变，环境污

染控制也从点源治理向区域流域治理转变。工业污染控制从单一污染源污染物向产业集聚区（园区）多要素（水气固）、多污染物协同控制、综合控制转变。区域流域治理主要内容包括多要素（细颗粒物/ $O_3/CO_2/Hg$ 等）和跨介质相互作用（气—水—土—生态），以及细颗粒物和 O_3 同步治理、温室气体和大气 Hg 协同减排，毒害污染物风险防控大气污染、气候变化和健康风险协同应对。

四、年度热点事件

全国生态环境保护大会召开。习近平总书记指出，今后 5 年是美丽中国建设的重要时期，把建设美丽中国摆在强国建设、民族复兴的突出位置。持续深入打好污染防治攻坚战，坚持精准治污、科学治污、依法治污，保持力度、延伸深度、拓展广度，深入推进蓝天、碧水、净土三大保卫战，持续改善生态环境质量。加快推动发展方式绿色低碳转型，坚持把绿色低碳发展作为解决生态环境问题的治本之策，加快形成绿色生产方式和生活方式，厚植高质量发展的绿色底色，美丽中国建设取得显著成效，以高品质生态环境支撑高质量发展，加快推进人与自然和谐共生的现代化。

2023 年 10 月，国家发展改革委印发《国家碳达峰试点建设方案》（发改环资〔2023〕1409 号），在全国范围内选择 100 个具有典型代表性的城市和园区开展碳达峰试点建设，探索不同资源禀赋和发展基础的城市和园区碳达峰路径。生态环境部与国家市场监督管理总局发布《温室气体自愿减排交易管理办法（试行）》，旨在推动实现我国碳达峰碳中和目标。

国家首个节能环保新材料平台正式开始建设。浙江省能源集团有限公司牵头的“2022 年国家新材料重点平台——节能低碳材料生产应用示范平台项目”（以下简称“节能低碳平台”）正式开始建设。联合体在 9 种材料研发方面有序推进，成功突破 18 项关键技术，其中 8 项为自主可控技术，促成了 39 家企业的推广应用，同时对两家专精特新“小巨人”企业提供了专业支持。5 种新材料的研发和试样制作完成；7 条新材料生产应用示范线有序开展建设；完成了 12 批次新材料的应用验证；截至目前累计发表高水平论文 15 篇、申请专利 21 项；全国首个万吨级煤电碳捕集与利用（CCUS）全流程耦合示范线已在浙能兰溪电厂落地；研发的 CO_2 捕集低能耗胺基少水吸收剂、纤维耐高温节能隔热材料、大尺寸陶瓷纤维功能膜，以及蜂窝状高钒低温 SCR 脱硝催化剂等新材料，相关性能指标国际领先。

国家鼓励发展的重大环保技术装备目录（2023 版）（以下简称目录）发布。目录是全国唯一一项在国务院发文中，要求定期更新的专门针对环保装备的目录。本次目录编制时，在鼓励支持环境污染防治急需的传统环保领域技术装备的基础上，特别关注涉及行业基础关键性的技术装备，并主动保持与行业原有技术政策的协同。本次目录编制时，共 18 项产业基础类产品入选，其中产业基础目录环保领域产品 7 项入选。

环境检测仪表获 2023 年产业基础再造项目支持。由北京雪迪龙科技股份有限公司牵头的“基于 CRDS 的大气温室气体监测设备”项目成为首个获得产业基础再造项目支持的环境检测产品项目，同时也是首个获得国家资金支持的产业基础目录环保领域产品。该项目通过开展高精度高反射率谐振腔、高稳定性激光器控制技术，微弱信号采集及抑噪等技术开发带动上游相关产品的批量化生产、国产化高速采集芯片等产业发展，进而促进国内相关光学设备产业的自主创新与快速发展。

国内首批替代进口 MBR 组器大型项目竣工。在由碧水源科技股份有限公司中标的北京市顺义区污水处理厂项目上，实现了原有进口组器的国产化替代。采用国产 S-MBRU（节能型膜生物反应器组器），优点是替代膜丝耐磨性强，氧化耐受范围广，膜组件采用机械排丝，精准控制抖动量，组器吊装结构设计和独特清洗工艺使运行维护的便捷性、药剂成本、长期运行稳定性方面表现得更为优异，解决了水厂膜污堵板结严重、膜层破裂、清洗周期短，运维费用高等问题。

二氧化碳捕集与利用材料完成测试验证技术达到国际先进水平。白马湖实验室研究了吸收剂的分子构效关系，揭示胺基、羟基、烷烃、碳骨架等基团结构对吸收速率、吸收容量、反应热、解吸速率、挥发性、黏度等性能的影响机制，结合溶剂匹配实验，开发了胺基两相、少水胺 CO_2 吸收剂材料，CO_2 吸收速率提高 30%，CO_2 解吸速率提高 60%，再生能耗降低 42%。实验室所开发的胺基两相、少水胺 CO_2 吸收剂材料在烟气处理量 $200m^3/h$ 的中试测试平台上完成了连续测试与试验验证。其中，胺基两相吸收剂实现了连续分相验证，CO_2 捕集率 90%，CO_2 纯度 99%，再生热耗 2.4GJ/t CO_2，达到国际先进水平。少水胺吸收剂中试平台试验实现了系统水平衡控制，CO_2 捕集率为 90%，CO_2 纯度为 99%，再生热耗为 2.2GJ/t CO_2，达到国际领先水平。

大尺寸陶瓷纤维功能膜材料突破瓶颈。东华大学攻克了高固含量纺丝液配方设计与流变特性精确调控的核心技术难题，实现了陶瓷超细纤维转化率的大幅提升，达到了 50%以上。首创引入的基于流变特性的温度调控新技术，有效抑制纺丝液凝胶化，保证了纺丝液的稳定性。通过自主研发的低弧度液面多射流纺丝技术，成功突破了传统单喷口纺丝过程中生产速度受限的瓶颈，配合稳定的煅烧成型技术，制成的陶瓷超细纤维膜展现了其优异的柔韧性和隔热性，具体参数如下：极低的体积密度（小于 $15mg/cm^3$）、优异的低导热系数（小于 0.03W/m·K），以及极细的纤维平均直径（小于 800nm），同时能够承受 700～1200℃的高温。该成果达到国际领先水平，在国防军工、能源、石油化工、冶金等领域均具有重要应用价值和前景，已申请发明专利 4 项。

小孔径脱硝催化剂研究取得突破，实现国产化替代。在小孔径脱硝催化剂研发领域，中国科学院生态环境研究中心联合中国科学院城市环境研究所开展了 Cu-TEPA 模板剂的设计，以及合成配方的优化，突破了合成 Cu-SSZ-13 小孔径分子筛技术。并于上半年完成了一套选择性催化还原（SCR）催化剂评价设备的设计、采购与安装，实现了设备的平稳运行并已发表 6 篇 SCI 论文，申请发明专利 3

项。安徽艾可蓝环保股份有限公司于2023年4月完成了催化剂涂覆生产线各设备安装、调试及验收工作。在2023年第二季度，完成了国产新材料的中试和小批量化的生产验证工作。成功实现小孔径脱硝催化剂原材料国产化替代，产品满足柴油车国六排放标准及6b阶段排放标准。至今，艾可蓝已与12家客户单位建立了稳固的项目合作关系，其中7家已完成小批量供货应用，累计应用数量达到5万套。

废水处理矿物功能材料取得重大突破。浙江大学联合浙江长安仁恒科技股份有限公司，通过深入研究并攻克水法打浆、重力沉淀、叠螺离心分离等综合技术，已在矿物功能材料的综合提纯技术上取得重大突破。该技术成功将膨润土的含量从55%提升至超过80%，同时将生产成本控制在2000元/吨以内。在优化提纯流程的同时，确保了材料的质量和应用效果达到高标准。

五、重点企业分析

1. 福建龙净环保股份有限公司

福建龙净环保股份有限公司是全国环保产业龙头企业之一，也是全球最大的大气污染治理企业。公司创建于1971年，50年来专注于环保技术装备的研发、设计、制造、工程服务，自主研制的电除尘、电袋除尘、袋式除尘、干法脱硫、湿法脱硫、烟气脱硝等装备广泛应用于电力钢铁、冶金、建材等行业领域，全面达到国际先进水平，在烟气治理装备模拟仿真、除尘用电源控制系统、高温复合滤筒、紫外消毒系统等“五基”多个领域行业领先。公司业务涵盖了大气污染治理、固废处理等多领域，已成为中国环保产业的领军企业和国际知名的环境综合治理服务企业。公司是国家创新型企业、国家技术创新示范企业、全国制造业单项冠军示范企业，建有国家企业技术中心、国家环境保护工程技术中心、博士后科研工作站等创新平台。

公司先后承担国家科技支撑计划、国家重点研发计划等国家和地方重大科技任务100多项，编制国家和行业标准超过100项，获国家科学技术进步奖和省部级科技奖60多项，授权有效专利超过1000项。

2. 浙江省能源集团有限公司

浙江省能源集团有限公司（简称“浙能集团”）成立于2001年，是浙江省委、省政府能源产业发展的主抓手、能源合作的主平台、能源供应的主渠道、能源安全保障的主力军、环境保护的主战场和能源科技创新的主引擎，总部位于浙江省杭州市，主要从事电源建设、电力热力生产、石油煤炭天然气开发贸易流通、能源科技、能源服务和能源金融等业务。截至2023年年底，浙能集团现有员工两万余人；总资产3330亿元；发电总装机容量4189万千瓦，2023年发电量1876亿千瓦时，供应电煤6522万吨，供应天然气119亿立方米。二十多年来，浙能集团坚决贯彻“四个革命、一个合作”能源安全新战略，拓宽绿水青山就是金山银山转化通道，首创的“燃煤机组超低排放关键技术研发及应用”获2017年国家技术发明奖一等奖，开创了煤炭清洁利用的新时代。

3. 安徽艾可蓝环保股份有限公司

安徽艾可蓝环保股份有限公司成立于2009年1月，是一家由海归博士团队创立的科技创新型企业，专业从事汽油、柴油和天然气发动机尾气后处理产品的研发与产业化，并提供专业的排放检测与标定技术服务。产品与技术适用于汽车、摩托车、通机、工程机械、船用动力、发电机组、农业机械等。公司总部坐落于我国生态经济示范区——安徽省池州市，北临黄金水道长江，东向30千米毗邻四大佛教名山之九华山，境内机场、高铁、高速、水运四通八达，交通便利，环境优美。公司是高新技术企业、国家知识产权示范企业、国家知识产权优势企业、工信部专精特新“小巨人”企业、中国内燃机工业协会理事单位，建设有“安徽省国际科技合作基地”“安徽省企业技术中心”“安徽省省级工业设计中心”“内燃机排放安徽省重点实验室”等。公司主导和参与制定了多项行业、团队、地方及企业标准，承担和参与了国家发展改革委、科技部、安徽省发展改革委、科技厅、经信委等多个政府类科研项目，如《面向国Ⅵ的重型柴油车后处理集成技术研究》863 计划、国家科技支撑计划、国家重点研发计划等。公司的主要产品先后被授予“国家重点新产品”“国家火炬计划产业化示范项目”“安徽省科学技术一等奖”“安徽省重点新产品”“安徽省高新技术产品”“安徽省专利优秀奖”等称号或奖项。

4. 烟台核晶陶瓷新材料有限公司

烟台核晶陶瓷新材料有限公司成立于 2011 年，是一家专业从事工业陶瓷制品研发、制造、销售和服务于一体的国家级高新技术企业。公司致力于成为先进陶瓷新材料领域及细分行业的领军企业，主要产品为陶瓷过滤板，石英坩埚，氧化锆粉体，陶瓷结构件，均属于重点培植提升十大特色制造业—新材料—新型无机非金属材料，是产业发展的开路先锋。公司现有知识产权 92 项，其中发明专利 22 项，实用新型 70 项，已承担山东省提能增效、重大技改等项目，多次获得省级、市级专利奖，科技进步奖等，并先后被认定为国家级高新技术企业、国家科技型中小企业、国家知识产权优势企业、国家级专精特新“小巨人”企业，国家级知识产权示范企业、山东省专精特新中小企业、山东省企业技术中心、省级“一企一技术”创新企业、山东省中小企业隐形冠军、山东省首批“瞪羚示范企业”等。

5. 龙净科杰环保技术（上海）有限公司

龙净科杰环保技术（上海）有限公司于 2013 年 1 月注册成立，注册资本 1.6 亿元人民币，是福建龙净环保股份有限公司的全资子公司，国家级高新技术企业。公司已获多项授权专利（一种废弃 SCR 脱硝催化剂的回收利用方法 ZL201610021878.2；蜂窝式催化剂的通孔检查装置 ZL201610688684.8；一种催化剂安装铁箱 ZL202010872683.5），制定多项国标、行标。公司已拥有数百台（套）电力行业与非电行业的催化剂再生项目经验，心怀“净化环境、保护气候，珍爱大自然”的使命，以“做脱硝产业领跑者”为愿景，践行“理想、行动、坚持、超越”的核心价值观，实现废脱硝催化剂整体再生、粉体再生、铁箱再生、陶瓷纸再生“四个再生”的全寿命资源化综合利用，致力打造为客户提供“可靠再生、贴心服务”的核心竞争力。“催化剂用再生，助力碳减排”，龙净科杰积极为实现“3060”愿景贡献力量。

6. 苏州达菲特过滤技术股份有限公司

苏州达菲特过滤技术股份有限公司成立于 2008 年 12 月 8 日，坐落于美丽、古老而极具现代工业氛围的城市——江苏省苏州市，是一家集自主研发、生产、销售于一体的汽车零部件高新技术企业，主要产品有高端柴油滤清器、机油滤清器、空气滤清器、天然气滤清器、曲轴箱呼吸器、甲醇滤清器、尿素滤清器等过滤产品。公司建筑面积约 10000 平方米，年规划产能 400 万支（套）。2010 年 10 月达菲特通过技术合作的方式，成为世界 500 强德尔福柴油系统东亚地区唯一合作伙伴。2015 年 5 月 5 日公司正式完成股份制改造，于同年 9 月 14 日在新三板挂牌上市（股票代码 833542）。公司在十多年的时间里，开发了 8 大类，600 多个品种的产品，中国国内市场和欧美市场的配套客户达到 40 多家，产品种类覆盖 SUV、皮卡、轻卡、中卡、重卡、客车、工程机械、非道路机械等应用领域。公司研发的环保滤芯滤清器、全塑料滤清器、长寿命柴滤、机滤、曲轴箱呼吸器、甲醇滤清器、尿素滤清器等都是引领行业发展的产品，取得了多项自主知识产权，获得发明专利 5 项，实用新型专利 31 项，外观专利 14 项，在“3060 碳达峰碳中和”的大潮中，达菲特携多年的研究成果，在氢燃料电池领域，开发出优质的空气过滤器、甲醇过滤器、加湿器、甚至于高速无油压缩机等全新的产品，为中国乃至全球的绿色能源使用做出应有的贡献。

六、存在的问题与措施建议

1．存在的问题

1）创新体系建设滞后

一是大企业带动中小企业，产业链与创新链融合发展的创新体制尚未建成，机制资源和环境和行业创新主体构成尚需优化，国家级技术中心、工程中心科技成果对行业关键共性技术研究贡献不足。二是支持创新的机制没有形成，长期困扰行业发展的低价竞争依然存在，市场不规范，高校、科研院所，企业尚未成为创新的主导力量。三是行业公共服务平台建设尚属空白，新技术、新装备验证难、首台（套）技术装备认定难，进行技术研发创新的知识产权侵权行为取证维权难。四是创新资金来源基本以企业自筹为主，其中国拨资金只占万分之一，环保企业在融资融券、信贷与债券等金融服务中属于弱势群体很难得到相关渠道的资金支持。

2）科技成果转化困难

一是科技成果不能用。大学科研院所科技成果转化率约 5%，科技成果以完成研发任务为最终目标，研发立项本身脱离实际，成果无应用场景，科技成果通过验收后就束之高阁或由于研发周期长，成果出来后治理需求已经变化。二是科技成果不敢用。环境污染治理项目自身的外部不经济性使用户不愿意过多投入精力和资金，由于环保督察越来越严，且对不合格企业给予整改的时间有限，如果新技术装备在使用短时间内无法达标，企业需要停工停产或加重处罚，因此用户只愿使用成熟的技术装备而不愿意为科技创新承担风险。三是科技成果不会用。行业缺乏专门从事科技成果转化的企业与平台，科技成果无法沿产业链应用推广，没有形成产业链与创新链融合，没有专业公司为科技成果创新提供应用场景，缺乏产业化应用创新。

3）人才队伍建设问题突出

一是行业整体薪酬水平低。由于环保行业处于产业链末端，产品附加值低，行业整体效益低于其他行业，行业整体薪酬水平低。根据上市公司相关研究，环保装备制造业薪酬水平处于上市公司企业分类的倒数十名之列，行业对高技术人才吸引力不足。二是人才市场不规范。由于企业间同质化竞争严重，而顶尖技术人才资源有限且各企业间人才流动基本没有遵循行业回避制度，导致业内人才跳槽严重。三是人力成本增高，订单式的生产特性导致从事生产的技术工人薪酬不稳定，技术工人大量流失。

2. 措施建议

1）加强国家的政策、法规和财税、专项资金的支持，集中优势力量攻克制约行业发展的技术难点、堵点

增加污染治理行业基础设施、新技术、新工程的财政资金、基金和相应税收优惠政策，为中小企业提供相应减免负担的政策。继续加大对污染治理装备制造企业的融资支持。建议以三部委发布的《环保装备高质量发展行动计划》《国家鼓励发展的重大环保技术装备目录》和中国工程院《产业基础创新目录》行业技术政策等为引领，针对制约行业发展的关键短板技术装备，组织联合攻关，带头破解短板技术装备的瓶颈问题。构建一批以央企为主导、高校和科研院所参与的技术创新联盟及先进环保装备推广应用平台，大力推进行业供给侧结构性改革，引领产业高质量持续发展。

2）加强智能化数字化建设，促进行业绿色发展

鼓励有条件的企业开展智能化数字化装备升级，提高生产效率和产品质量，降低劳动力成本。针对环保装备行业中低端产能过剩、同质化产品低价竞争、质量和标准体系建设相对滞后、总体制造水平停留在 1.0～2.0 之间等影响行业健康发展的突出问题，建议利用央企在多领域先进制造能力和水平的优势，鼓励跨界技术融合，加快在央企所属企业，推进智能制造、绿色制造，不断丰富产品种类，满足差异化消费需求，努力实现工艺装备化、装备模块化、产品绿色化、制造智能化。

编写单位：中国环保机械行业协会
编写人员：申红杰、张辰曲、张纯
审稿人：王亦宁、于鸿立

第十一章

家电领域

一、主要产品和技术进展

全球家电行业伴随着科技的迅速发展而腾飞。欧美和日本等发达国家掌握着家电产品的先进技术和生产工艺，长期处于产业链、创新链、价值链的高端。我国家电产业随着数十年发展，已具备规模大、产业链基本完整等优势，成为全球家用电器生产大国、消费大国和出口大国，各类家电产品总产量占全球 80%以上。在家电产业向高级化发展过程中，不断巩固产业优势、突破技术壁垒，产业基础水平显著提升。

1. 基础零部件与元器件

家用电器产业基础零部件与元器件主要包括家用电器中的两机（压缩机、电机）、两器（冷凝器、蒸发器）、节流装置、壳体等；辅助部件包括各种阀件、压力开关、干燥过滤器、摆叶机构、线束、保温管、扎带、排水管等；家用电器控制系统主要部件包括电源模块、控制芯片、传感器、通信模块、显示模块等。近年来，随着家电呈现高端化、智能化、绿色化发展趋势，使得新型电机、压缩机更加注重新技术、新材料、新工艺的综合应用，注重产品带来的节能、节水及资源节约和循环回收效果；同时，AI 等新质生产力高速发展，家电用集成电路向高功能、高算力方向发展，家电产品使用更多的芯片与功率器件来满足与日俱增的功能需求。

2. 基础材料

基础材料为制造家用电器所需元器件及零部件的各种材料，主要包括钢材、铜材、铝材、塑料、硅、亲水涂层材料、磁性材料及各种新型材料等。随着新型材料领域技术向着高级化发展，家电领域使用材料类别也逐渐丰富，包括保温材料、密封材料、杀菌材料、石墨烯材料、传感器材料、轻量化结构材料等。近年来，我国家电企业持续在环保制冷剂、环保密封材料、可再生材料、环保保温材料等方面持续发力，并广泛应用到家电产品当中；同时，在冷冻油、阀片钢等重点材料方面也已具备自主创新能力。

3. 基础工艺

家用电器产业制造工艺与装备主要包括电冰箱、空调器、洗衣机及小家用电器零部件的注塑机、加工中心、精密冲床、数控折弯机、胀管机、校直机、焊接设备、喷涂设备、弯管设备、高精密切割机、烘干机、发泡机、油压机、吸塑机等加工设备，以及输送设备、工业机器人、空压机、真空泵、制冷剂充注机、包装设备和智能仓储设备等装备设备。近年，家电产业依托机器人技术、工业互联网技术开展的柔性制造、数字化工业生产线、数字孪生等技术在家电产业的应用，着力开发新型高效换热器加工设备、高端焊接及打磨设备等基础工艺及装备是家电产业发展的主要趋势。

4. 工业基础软件

家用电器产业工业软件是对相关产业的研发设计、生产制造、经营管理、服务等全生命周期环节的模型化、代码化、工具化。系统的民生产业工业软件构筑起产业数据闭环和数据自动流动规则体系，以应对家电产业生产中的流程性环节和离散环节，实现加工资源的高效配置等。家电用工业软件可分为设计、仿真、生产制造和经营管理四大类。其中设计、仿真和生产制造用工业软件大多是国外进口，只有经营管理软件使用国内稍多。近年，国内高校、软件企业在家电专用仿真软件、换热器仿真软件等方面有所突破；同时，鸿蒙等系统的愈发成熟也推动了智能家电操作系统国产化的发展进程。

5. 产业技术基础

标准是产业重要的质量基础，对于改善家用产业经营管理、提高产品质量、组织专业化生产、节约原材料、保障安全、开展国际贸易、提高经济效益等有重要作用。家电标准主要包括原料、工艺标准，产品质量、安全、性能、能效、健康标准等，加工装备及器材技术标准等。目前，我国家电产业标准体系构建逐年完善，部分具有自主技术的国家标准反向影响国际标准，我国家电标准的国际地位逐年提升。同时，随着新一代数字化技术、人工智能技术、传感技术在家电产业检测技术领域中广泛应用，推动了产业检测技术逐渐向数字化、智能化、网络化、少或无人工干预方向发展，极大丰富了家电检测方法和手段，有效提升了家电产业的制造水平和产品质量。

二、竞争趋势和主要动向

作为充分市场化竞争的行业，家电行业早已从增量时代转变为增量与存量并重时代。面对国际贸易自由化、产业链全球化局面，以及技术创新压力与成本压力，家电行业的国际竞争日趋激烈，中外企业正努力向高端、智能、绿色、健康等方向开辟新赛道。

1. 竞争趋势

从国家（地区）层面来看，在国际市场中，各国家或地区通常从政策、标准、计量认证、准入机制等方面设置技术壁垒、贸易壁垒、能源壁垒等。从企业层面来看，随着中国家电及消费电子产业综合实力的提升，中国品牌加速全球化，在高价的“缺点”下，外资企业凭借核心技术不再具有压倒性优势，跨国公司之间竞争已经从产品性能、价格的竞争上升到产品中包含的社会责任和环境责任的竞争，与此同时外资品牌也逐步加大中国市场投资力度，与国内厂商联合进行本土化布局。从技术层面来看，高端化、智能化、绿色化、健康化正在成为家电领域的主流发展趋势。中外企业更加重视场景的打造，从各种生活形态到空间场景，比如衣食住行娱，以及家庭中的空气、水等多方面去满足消费者美好生活需求。

2. 主要动向

1）国家（地区）层面

欧盟发布《绿色新政工业计划》《可再生能源指令》《净零工业法案》等政策法案，以应对气候变化、全面推进碳中和进程。欧美等发达国家凭借自身强有力的研发条件，制定家电产品最新标准并转化为专利。目前欧盟对于家用电器采用 CE 框架认证准入模式，包含低电压、电磁兼容、能效、电子电气产品有害成分和废弃物等部分，通过对 CE 认证模式、各指令内容及相应协调标准的扩展和更新来实现对家用电器产品的监管。2023 年欧盟通过“碳边界调节机制”（CBAM），将从 2026 年起对水泥、钢铁、电力、铝和化肥等行业征收“碳关税”，位于 CBAM 名单中的钢铁、铝等商品是家电行业重要的上游材料，该机制的实施将影响原材料价格上行，进而影响中国家电制造成本及出口的整机成本。

2）企业层面

随着全球经济一体化的不断深入，品牌知名度的大幅提升，越来越多的中国家电巨头将目光投向海外，纷纷通过资本、业务、品牌等多方式加码布局，以拓展海外市场，在亚洲、南美洲等多地建设生产基地，并向智能高端、商用等更多市场探索。同时外资品牌对中国市场的重视程度也在提升，不少外资家电厂商在布局业务矩阵时，不再局限于家电市场，比如三星，其业务涉及电子产品、汽车、机械、化学、半导体等各个领域，松下也涉足办公产品、航空、半导体业务、光学业务、工厂业务、ICT 业务等多个领域。

3）技术层面

家电行业已从增量时代转变为增量与存量并重时代，产品从单品上升到全场景的互联互通。从场景化角度出发，高端、智能、绿色、健康成为家电行业的聚焦方向。高端化为家电产业高级化提供升级导向，各大家电企业均在致力于创新转型，挖掘高新技术，以海尔、美的、海信为首的家电龙头企业，相继推出卡萨帝、COLMO、璀璨等高端独立品牌。智能化为家电产业高级化提供技术路径，物联网、5G、自然语言模型等技术赋能产品升级，从感知、学习、决策、执行等方面实现智慧生活场景落地。绿色化为家电产业高级化提供价值指引，机电设备的直流化发展、产品的绿色设计、持续提高家电产品的能效、绿色低碳新型制冷剂的应用、低碳或零碳工厂的建设、产业链全面的绿色低碳、废旧家电的回收与再利用及再生材料的应用，从家电全产业链入手推进绿色低碳转型。健康化为家电产业高级化提供发展路径，搭载高速瀑布洗和水轮水膜洗技术，能高效清除空气中的灰尘、螨虫等有害物，并释放水分子和负氧离子的空调；通过电解水产生大量多元氧分子，可将细菌、真菌、病毒内含的酶素、RNA、溶菌酶等物质迅速分解，从而达到杀菌消毒效果的洗衣机等产品，在满足人们健康需求的同时，为行业发展提供新的增长点。

三、年度热点事件

在国际环境纷繁复杂、经济增长放缓的大环境下，经历原材料上涨、后疫情时代市场需求放缓等影响，全球家电行业发展虽然挑战重重但依然充满韧性。遵循行业主流发展趋势，中外家电企业均在积极应对并探索发展新模式、新机遇。

1. 中国家电行业积极实施 ESG 战略

ESG（Environmental，Social and Governance），即从环境、社会和公司治理三个维度来评价企业经营的可持续性与对社会的价值效益，是可帮助行业高质量、可持续发展的手段之一。近年来，家电行业头部企业的 ESG 战略逐渐明晰。海信家电自 2019 年起即开始发布 ESG 报告；海尔智家、美的集团、海信家电、四川长虹等均已设立企业 ESG 委员会；华帝、九阳、老板电器等行业头部家电品牌也均于近两年完善了 ESG 策略，并发布了独立的 ESG 报告。在全球化趋势引领下，国际企业对国内供应商的 ESG 要求越来越严苛，2022 年欧盟 ESG 新规《公司可持续发展报告指令》（CSRD）出台，报告披露原则将由原本的自愿原则转变为强制披露原则，在披露标准、内容、质量等方面也进行了调整。欧盟对于 ESG 信息披露的要求不断提升，对涉及电子设备及新能源技术领域的中国企业存在一定影响。

2. 中国家电企业加码海外布局

美的集团自 2007 年在越南设立了其海外第一个生产基地后，目前在泰国已经形成四个基地，并实现“研产销”一体化。美的空调基于泰国工厂还建立了东盟研发中心，将工厂升级为“研产销”一体化的海外基地。美的冰箱及洗衣机在埃及萨达特城建立生产基地。海信集团 2022 年 11 月成立了东盟区总部，以扩大亚太市场业务，并重启旗下东芝电视在越南市场的业务。海尔智家收购开利集团商用制冷业务，通过该业务打通 B 端市场。TCL 冰箱和洗衣机在泰国、菲律宾等东南亚市场销售业绩节节攀升，并与印度 Resojet 签约合资共建洗衣机工厂。新宝股份在印度尼西亚建设其首个海外工厂。万和电气把其首个海外生产基地布局在泰国。

3. 2020—2022 年全球芯片市场经历了由“缺货”到“过剩”的局面

2020 年，新冠疫情的暴发对全球经济造成巨大冲击。汽车、消费电子等产业链陷入了悲观的预期，品牌端纷纷下调出货预期，减少采购需求。然而，疫情催生了宅经济的发展，居家办公与娱乐带动消费电子需求激增。随着下游需求开始向上游传导，芯片需求激增。2021 年，新冠疫情的延续使芯片制造行业集中的美国、东南亚、韩国、日本等产能遭到严重冲击。美国得克萨斯州遭遇的寒潮，日本茨城芯片工厂发生的火灾，都让芯片行业雪上加霜，芯片订单平均交付时间不断延长。芯片短缺成为供应链的瓶颈，导致部分消费电子与汽车品牌因缺芯而停产。品牌端的恐慌性囤积芯片甚至重复下单的行为，加剧了芯片的短缺情况。这种短缺快速向更上游的晶圆代工与封测环节传递，产生了牛鞭效应，导致晶圆代工厂爆单。在此时，芯片市场进入了供不应求的阶段，上游厂商开始纷纷扩产以满足市场需求。2022 年，黑天鹅和灰犀牛事件轮番上演，给全球经济带来了巨大的冲击。俄乌战争爆发导致石油、天然气、有色金属等大宗交易品价格攀升，上游材料成本上涨加剧了全球通胀的压力。欧美日韩等主要经济体的通胀率创近四十年新高，全球经济陷入困境。在这种背景下，民众的消费受到抑制，宅经济需求快速衰退，消费电子需求出现断崖式下滑。全产业链的芯片库存开始堆积，芯片市场进入了供过于求的阶段。

四、重点企业分析

随着国内众多优秀家电品牌在核心技术上不断突破，在家电市场，国产品牌与海外品牌的竞争仍十分激烈，国外欧洲市场家用电器趋向智能化、可持续化发展，全球布局且市场成熟度高，需求波动小，家电市场额涨量跌。中国家电企业通过收购与重组的方式与国外品牌强强联合，深度占领海外市场，借助海外成熟品牌的影响力带动公司品牌形象及全球影响力的提升。同时，持续向中高端迈进，升级全球产业链共拓海外高端市场，通过不断推进创新和效率提升，提高企业在全球市场的综合竞争力。

1. 国内重点企业分析

我国家电产业在过去近四十年的发展历程中从无到有，从小到大，从弱到强，现在已发展成为全球的家用电器生产大国、消费大国和出口大国。是与百姓日常生活密切相关的典型民生行业，是实现人民对美好生活的向往的支柱性产业。我国生产的空调、空调压缩机、微波炉在全球产量的比重保持在70%～80%，冰箱压缩机比重为60%～70%，冰箱/冷柜、洗衣机比重为50%～55%，中国家电的制造大国地位依然稳固。海尔、海信、格力、美的出口产品自主品牌占比分别达到100%、60%、40%和30%，品牌国际影响力开始显现。

国内家电龙头企业通过收购并购方式加速了全球技术资源、市场资源和资本资源的整合，进一步壮大自身，增加全球综合竞争力，实现高级化发展的重要战略布局。2016年美的收购东芝白色家电业务，开拓海外市场，在短时间内共享东芝公司的相关先进技术资源，在品牌、技术、经营销售和员工层面保持持续稳定投入，以最大限度地发掘东芝家电业务的潜能，提高自身的技术水平与研发实力。

高标准决定高级化水平，综合考虑我国国情和行业发展阶段特征，根据规范市场和引领产业高质量发展的需求，加大对标准化科研的支持力度和重视程度。2002 年日立与青岛海信合作，日立运用先进的空调技术和标准来管理和把控生产，把高标准的产品推向中国市场。日立品牌空调上使用的零部件 85%是进口或日立生产的；压缩机是当时最先进的第七代产品，在节能和稳定性上是最好的；所使用的技术和生产标准也是和日本总部同步的。在大型设备上使用日立第五代压缩机和部分日立零部件，其他中小型设备使用日立的技术和国内检测标准。

高端家电市场存在由于消费者认知和民族感形成的进入壁垒，提升品牌影响力在“一带一路”政策的实施中带来了更多新的机遇。在海外市场，青岛始终坚持自主创牌战略，通过自身持续耕耘与并购整合，先后收购日本三洋白电业务、美国 GE 家电业务、新西兰 Fisher & Paykel 公司、意大利 Candy 公司，持股墨西哥 Mabe 48.41%股权，构建起“研发、制造、营销”三位一体的当地市场竞争力。海尔并购前在美国当地主打低价格和高性价比的产品，深耕美国中低端市场，美国的高端家电市场存在由于消费者认知和民族感形成的进入壁垒。海尔选择通过并购 GE 这一美国当地知名高端品牌尝试打破高端市场进入壁垒，充分挖掘海尔在美国家电市场的发展潜力。海尔和 Candy 公司的品牌组合和产品平台具备互补性，整合后的公司将满足欧洲细分市场对不同价位产品组合的需求，协同效应明显，有助于实现全球化战略。

2. 国外重点企业分析

近年来，海外家电企业发展态势整体较为疲软。LG 集团、伊莱克斯、惠而浦、三星等均出现下滑态势。在发达国家面临高通胀、高利率并存问题，以及全球经济面临地缘政治冲突、大宗商品价格波动等不确定因素影响下，家电企业裁员潮在全球范围内蔓延。1899

年创建于德国的美诺 Miele 在 2024 年 2 月公开裁员计划，将在全球范围内规模化裁员，还将部分规模的工作岗位从德国转移到波兰。

随着市场需求的变化，消费者要求家电产品更加智能、健康，设计上更具有科技感。博世集团于 2015 年完成了对西门子在博西家电集团所持 50%的股份收购。进一步拓展了在互联建筑家居领域的业务发展，作为智能家居概念的一部分，家用电器将更易于使用，更节能高效，并且拥有更好的用户体验，实现数字化转型。伊莱克斯由于未做到产品创新与时俱进，且现金流短缺、制造成本高昂、市场表现不佳，因此合并欧洲、亚太和中东及非洲业务区域，将澳大利亚和泰国作为主要枢纽。

目前，中国仍然是全球最大的消费市场之一，并且拥有着庞大的技术和创新能力。2022 年飞利浦空调产研基地在安徽省滁州市正式投产，这是国际品牌本土化发展路径的新探索，同时进一步壮大了滁州的智能家电产业链，共同推进行业的高质量发展，打通产业链进一步提高空调行业的品牌竞争门槛。

由于中国市场的日益成熟和竞争日趋激烈，市场营销、品牌建设、中国环保政策的收紧、技术研发等方面的投入也在增加，这些都增大了企业的运营成本。韩国科技巨头 LG 集团考虑优化全球供应链，选择越南作为其新的生产基地，但并不会完全撤出中国市场。相反，它将继续与中国的供应商和合作伙伴保持密切的合作关系，共同推动整个行业的发展。

五、存在的问题与措施建议

1. 存在的问题

1）充分的市场竞争使产业创新活力有待激发

家电产业作为我国重点民生产业，是我国稳增长和促消费的重要引擎。近年来，在我国家电产业向高级化发展的过程中，家电产品功能持续优化升级，为消费者提供了高品质的生活体验，拉动了消费市场的增长。

但同时也应看到，我国家电产业在向全球领先产业迈进的过程中，国内行业竞争非常激烈，产业高级化效率及动能被迫挤压，受行业发展阶段及竞争态势所左右的情况较为明显。产业整体呈现以"降本增效"为核心的发展任务，技术方向以服务生产效率为主轴的态势，因此出现国产芯片不敢用、产品技术革新速度慢等情况。亟须通过政策支撑为产业创新活力释放新动能。

2）学科体系建设不完善

家电产品作为产业链终端，承载大量细分领域技术及交叉技术，包括但不限于制冷、电工、振动噪声、人工智能等。过去，传统家电产业由于制造工艺水平不高，与新兴技术融合程度不深，所以经常被误解为"低端制造"。但随着产业技术不断改造升级，向高端化、智能化、绿色化转型，传统家电产业已经全面向智能家电产业转型，逐渐延伸到智能家居产业范畴。在产业精细化、复杂化的客观变化下，产品功能需求与新兴技术应用之间的衔接要求也更高。因此，亟须通过建立专业学科来加强家电技术理论体系的研究，梳理、归纳各类家电产品所涉及的专业和工程技术基础理论，以及在设计、制造、试验等方面专业知识与技能。为家电产业定向提供人才支持，推动家电产业创新发展。

2. 措施建议

近年来，与家电产业相关的国家政策主要从家电下乡、以旧换新等促消费政策方面出发，注重家电产品的消费品属性，切实为我国家电市场带来了活力。但仍然存在市场这只"看不见的手"解决不了的问题。因此建议加大政策引导，利用深化体制改革，从组织领导层面给予支持，以解决市场解决不了的问题。

1）推动施行政策“组合拳”推广全国产化家电产品

建议根据产业层级、企业规模、专业领域对家电整机及上游企业进行分等分级；采用“一条龙”的管理模式，分层级由整机企业牵引，拉动上游企业产品市场，支撑整机企业需求。通过科技专项、产业基金等手段，定向支持上游企业技术、制造能力发展；对基于全国产化产业链生产制造的家电整机产品提供宣传、保险等系列服务；加强全国产化产品政府采购政策力度。保障产业支持政策能切实为各层级家电产业链上企业提供精准服务。

2）加强家电产业与“一带一路”国家的技术基础共通及产业政策力度

建议围绕“一带一路”国家的产品开展质量提升行动，加强产业间政策沟通与协调、提升技术标准的一致性、强化科技创新与合作、促进产能合作及产业投资、深化产业人才交流，进一步加强中国家电产业与“一带一路”国家的技术基础共通和产业政策力度，推动家电产业的国际合作和共同发展。

3）加强家电产业技术基础公共服务平台建设

通过加大平台投入、加强知识产权保护、强化关键技术研发、推动国际技术交流合作等手段促进家电标准、检测、计量、研发和设计等服务能力提升与产业技术基础高级化升级相匹配。加快制定或完善家电产业在高新技术方面的国家和行业标准，推进家电产业标准的国际化，完善和提升家电产业标准化体系，切实推动家电产业基础向高级化发展。

编写单位：中国家用电器研究院
编写人员：石文鹏、石里明
审稿人：刘挺、宫赤霄、王晔

第十二章

工业软件

工业软件是指在工业领域的应用软件，作为新一轮工业革命的核心要素，它以软件形态承载着先进工业技术及知识，是产业安全、信息安全、国家安全的基石和保障。工业软件按照业务维度一般可以分为研发设计类（CAD、CAE、PLM 等）、生产控制类（PLC、DCS、SCADA、MES 等）、管理运营类（ERP、SCM 等）、服务保障类（MRO、PHM 等）。

一、产业发展概况

全球工业软件行业总体规模不断扩大，根据中国工业技术软件化产业联盟的数据，2021 年全球工业软件市场规模逐渐增长，从 2016 年 3531 亿美元增长到 2021 年 4561 亿美元，复合年均增长率为 4.66%，如图 3-1 所示。

我国工业软件产品业务收入占软件业务总收入的比例总体也呈现逐年攀升的趋势，且增速高于全球。根据工业和信息化部数据[①]，

① 工信部，《2022 年软件和信息技术服务业统计公报》.

2022 年我国软件产品收入 26 583 亿元，行业盈利能力保持稳定。其中，我国工业软件产品实现收入 2407 亿元，同比增长 13.4%，高出全行业整体水平 3.1 个百分点，如图 3-2 所示。

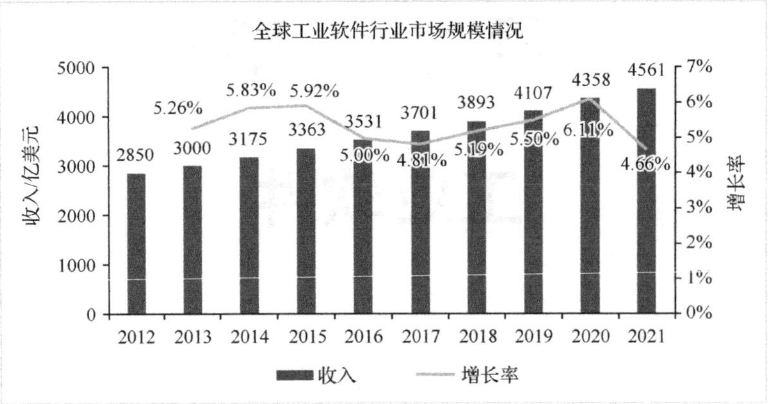

图 3-1　2012—2021 年全球工业软件产业规模及增长率

图 3-2　2012—2022 年中国工业软件产品收入及增长率

从细分赛道来看，研发设计类工业软件是基于模型的系统工程的基础和开端，与国外同类软件差距较大，还存在整体水平不高、关键技术对外高度依存等问题，国内产品市场占有率不足 10%[①]；生

① 邵珠峰，赵云，王晨等. 新时期我国工业软件产业发展路径研究[J]. 中国工程科学，2022,24(2):86-95.

产控制类工业软件主要以定制化服务为主，缺少智能工厂整体数字化解决方案，在中低端的细分市场具有一定竞争优势；管理运营类工业软件市场份额占优，高端市场仍以 SAP、Oracle 等国外厂商为主；服务保障类工业软件国产软件与国外软件存在代差，在产品技术、功能和市场占有率等方面都与国外的产品存在一定的差距。

从龙头企业数量的角度来看，研发设计类工业软件（CAD/CAE/PLM 等）各细分领域的前十大供应商中，国内企业数量占比较少，如图 3-3 所示。

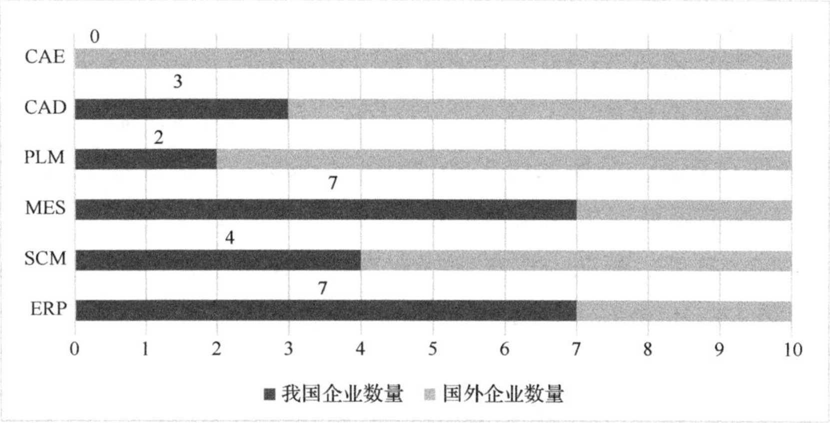

图 3-3 国内市场前十大供应商国内外企业数量对比

当前，我国正处在工业转型升级和制造业高质量发展的关键期，对智能、高效、可靠、自主工业软件的需求也日益增加。工业软件覆盖了企业生产经营活动的方方面面，既是企业运用信息技术提升效率的工具，又是企业提升智能化、网络化、数字化水平的重要基础，在当前制造业数字化转型升级的背景下深受企业重视。据中国工程院对 22 个行业 1859 家企业的调研结果，有超过七成的企业对工业软件有强烈需求。此外，2022 年我国工业软件市场规模在全球占比只有 7%左右，但我国工业增加值占全球约 20%，工业软件市场占比与工业增加值占比出现较大背离，这也证明我国工业软件产业发展潜力巨大。

二、竞争趋势和主要动向

1. 竞争趋势

1）三维 CAD

IDC 数据显示，2021 年我国三维 CAD 市场规模为 30.9 亿元人民币，年增长率为 21.5%。美国达索、德国西门子和美国 PTC 在国内的市场份额位居前三，分别为 31.7%、19.1%和 4.9%。国产三维 CAD 软件在功能、性能上与国外软件相差较大，高端三维 CAD 国内 95%以上的市场被国外龙头企业的产品所占据，其中 CATIA 基本占领了航空、航天、船舶、汽车等行业市场，NX 占据了发动机、透平机械市场，Solidworks、NX 和 Creo 占据了装备制造、模具加工、消费电子、家电等行业市场。

在三维 CAD 中，我国在 CAD 工具软件及 CAD 核心引擎方面差距较大。当前，三维 CAD 核心层基本由国外企业掌握，欧美企业在技术发展水平上明显领先，代表世界一流水平。国内企业三维 CAD 软件核心技术薄弱，三维几何建模引擎、几何约束求解、图形渲染引擎等关键技术缺失严重，自主三维内核其成熟度、适用度、稳定性与兼容性不高。

在三维几何建模引擎方面。国外主流的三维 CAD 几何建模引擎包括：Parasolid、ACIS、CGM、Open CASCADE 和 SMLib 等，其中西门子的 Parasolid 与达索的 ACIS 已发展成为商用几何建模引擎两个最大的阵营。目前，具有自主知识产权的国产几何建模引擎主要有中望 Overdrive、山大华天 CRUX、华云三维 DGM、科大九韶 AMCAX 四款。其中，中望 Overdrive 是通过全资收购美国 VX 公司，获得 Overdrive 内核的完整知识产权和源代码及全部核心研发团队，并在此后十余年持续的研发投入；山大华天 CRUX 是通过购买日本 UEL 公司 CAD meister 软件源代码，吸收再创新；华云三维 DGM 和科大九韶 AMCAX 则是完全自主研发的，但因推出时间较短，工程应用水平有待检验。在技术层面，国产几何建模引擎在建模支持上已初步达到国际水平，以中望 Overdrive 为例，已支持特征建模、无参建模、混合建模等多种建模方式，但国产几何建模引擎在数据格式、建模精度、曲面曲线实现精度上距离国际主流水平仍有较大差距。

在几何约束求解器方面。西门子 DCM 仍占据市场主导地位，应用广泛，行业认可度高，技术处于绝对领先地位。目前，国内暂无同档次自研可商业化约束求解器，部分 CAD 厂商自研的约束求解器对比 DCM 在自由曲线的曲率、梯度流等的控制及连续性约束支持等功能及性能上仍有较大差距，如华天软件 2021 年发布的完全自主几何约束求解器 DCS，是国产几何约束求解器的代表。

在图形渲染引擎方面。目前，国内不具备可用的图形渲染引擎，国内软件厂商大部分基于 OpenGL 或 DirectX 等图形 API 自主研发图形渲染引擎，仅能解决基础的渲染问题，限于端侧单机渲染，无法支持大场景、高质量渲染场景。

在多源异构 CAD 数据转换及互操作性领域中，中国市场呈现出快速发展变化的趋势，市场由以往完全由西方 CAD 厂商占据的隐性市场逐步显化，由以往完全基于西方组件进行能力封装，转向自主可控开发商相对活跃。从西方 CAD 厂商发展历史看，多源异构 CAD 数据转换技术是制造业 CAD 数据产出规模化能力提升的关键，因其组件化技术特征也说明中国工业软件的生态建设逐步向良性发展，国内以华天软件、武汉开目、圜晖科技等企业为代表，在航空、航天、船舶等复杂装备研制领域都建立了比较突出的典型案例，尤其带动了三维设计、数据档案管理细分专业的成长。

2）CAE

据华经产业研究院的数据，CAE 全球市场规模由 2017 年的 55.3 亿美元持续增长至 2021 年的 83.74 亿美元，其间年均复合增速为

10.93%。IDC 数据显示，2022 年中国 CAE 软件行业市场规模约为 37.6 亿元人民币，年增长率为 17.13%。从市场格局上看，美国 ANSYS、德国西门子、法国达索在 2022 年中国 CAE 软件市场排名前三，市场份额分别为 16.81%、14.68%、7.88%。国产 CAE 软件有安世亚太 PERA SIM、英特仿真 INTESIM、前沿动力 ADI.SimWork、中船重工奥蓝托前后处理 simWorks 等，主要包括多款多物理场仿真及优化平台软件和综合仿真及优化平台。

相较于国外 CAE 产品，国产厂商对 CAE 产品关键技术的掌握程度仍较低，并且在产品化、集成化和规模化上与国外软件还有非常大的差距。

前后处理软件的总体水平仍然大幅落后。几何建模方面，国产 CAE 软件的几何建模主要依赖国外几何内核（如 Parasolid、ACIS 等）或开源内核（OpenCascade，OCC）等，而国内如中望 Overdrive 内核、华天软件 DGM 内核等，在几何建模引擎的功能完整度、稳定性、能力边界、技术组件化等方面有待完善；网格剖分方面，浙江大学、大连理工大学等高校在算法层面已取得较大进展，但由于缺少真实输入模型和求解器的适配验证，使得网格剖分软件功能的完备性和可靠性仍然较低；材料库方面，结构、流体、声学、电磁等专业领域覆盖不全，通用材料库基础较好，但行业专用材料库积累差距较大。

求解器软件核心算法层面与国外差距不大，部分学科已赶超国外先进水平。结构仿真方面，大连理工大学、中国飞机强度研究所等单位在结构有限元求解算法层面已取得突破，电子科技大学、复旦大学等虽然在有限元、有限差分、矩量法、有限积分方法等算法层面取得了部分进展，但在精细化结构、电大尺寸问题、复杂材料问题等固体力学、计算力学和结构优化等部分算法领域领先于国外水平；电磁仿真方面，我国与国外具有较大差距，且并行计算主要应用国外开源 MPI 库；流体仿真方面，清华大学、中国空气动力研究与发展中心等单位的科研成果与国外基本处于同一水平线，并在新型湍流、转捩模型等方面领先于国外水平；声学仿真方面，中国船舶集团下属研究所在机械噪声控制、结构振动与噪声，水声工程、横振和扭转振动等轴系振动仿真方面形成了部分算法及评估模块，但在计算精度和效率方面与国外差距较大，不具备振动噪声一体化仿真测试分析条件和能力；多物理场耦合仿真方面，西北工业大学联合中国航发研究院实现了发动机内流场的流-固-热耦合计算分析，哈尔滨工程大学在结构振动、声辐射及结构-声耦合问题的求解能力取得突破，中国机械科学总院成立了中机数科，凭借多年在等材加工装备的工艺基础，开展铸造、锻造、热处理的 CAE 研究。整体看来，国内在多物理场/多学科联合仿真框架、物理场间数据映射、多场联合仿真流程规划、耦合建模等方面缺乏成熟算法。

3）PLC/DCS/SCADA/MES/ERP

● PLC

PLC 是由硬件（CPU、存储器、I/O、电源模块等）和软件（系统软件和应用软件）共同组成的，且往往是捆绑的，因此本节的产业数据未区分硬件和软件。根据 Reportlinker 数据，2020 年全球 PLC 市场约为 123 亿美元，预计 2027 年将达 169 亿美元。根据头豹研究院数据预测，2020 年中国 PLC 市场规模约 112 亿元人民币。

PLC 一般可分为中大型 PLC 和小型 PLC 两类。其中，中大型 PLC 主要应用于冶金、汽车、物流等领域，小型 PLC 主要应用于半导体、纺织、包装等行业。中大型 PLC 与小型 PLC 大致平分国内市场份额，中大型 PLC 与小型 PLC 的 2021 年市场份额占比分别为 49.8%和 50.2%。

据 MIR 数据，2021 年中大型 PLC 国内 75%的市场份额被西门子（49%）、欧姆龙（15%）、三菱（11%）这三家国外厂商占据，小型 PLC 国内市场同样也是这三家国外厂商排名前三，分别为西门子（37%）、三菱（12%）、欧姆龙（8%），三家合计市场份额约为 57%。

中国本土 PLC 企业在中大型 PLC 市场竞争力严重不足，在小型 PLC 领域汇川、信捷等本土厂商占据了一定的市场份额并逐步开始展露竞争力。我国 PLC 市场整体由海外龙头企业主导，长期被西门子、三菱、欧姆龙等国际巨头占据，本土 PLC 品牌渗透率低，且多集中在中低档 PLC 领域，采用 OEM 代工模式，但随着中国自动化程度的普及，本土 PLC 厂商也迎来了发展机遇，现阶段中国本土 PLC 厂商主要在小型 PLC 领域发力。

● DCS

DCS 系统是一种用于控制和监控工厂级自动化系统的硬件和软件组合，因此本节的产业数据及竞争分析也与 PLC 一样未区分硬件和软件。根据 Markets and Markets 数据，2021 年全球 DCS 市场规模约为 175 亿美元，预计到 2026 年将增长至 232 亿美元。2022 年中国 DCS 市场规模约为 105.7 亿元，随着工业复制化的持续提升，DCS 的运用场景将进一步拓展，预计 2026 年市场规模将达 191.9 亿元。

目前活跃的 DCS 主流供应商有近 20 家，主要分为欧美品牌、日系品牌及本土品牌三大集群。欧美品牌以艾默生、霍尼韦尔等为代表，聚焦大型电力、石化、化工等领域，日系品牌以横河为代表，本土品牌以浙大中控、和利时、新华控制等为代表，在建材、市政、化工领域表现突出。

中国品牌聚焦于中小型项目，外资品牌主导大型项目。在技术水平、战略选择和国家扶植“三驾马车”的推动下，中国本土 DCS 品牌市场占有率不断提升，最终中国 DCS 市场整体呈现中外品牌平分秋色的竞争状态。浙江中控成为中国 DCS 市场市占率第一的厂商，但外资品牌在技术水平、客户信赖度及供应链等方面的优势仍十分明显。总体来看，中国本土 DCS 品牌在中小型项目中优势明显，但大型项目仍多由外资品牌主导。

就中国本土品牌的 DCS 竞争格局而言，正逐步走向中控技术和和利时“两强争霸”的格局，从营业收入、研发费用及市场占有率来分析，两家的竞争优势突出，是本土 DCS 品牌中名副其实的龙头企业。除此之外，科远智慧于 2010 年登陆 A 股，成为江苏省最大、中国排名前三的热工自动化企业，其他如新华控制、优稳自动化、国电智深等 DCS 企业虽在细分行业占据优势，但并未上市，产业规模也远不及中控技术和和利时。

● SCADA

根据ISA数据，2021年全球SCADA市场规模约为92亿美元，预计到2026年将增长至132亿美元。2022年，中国SCADA市场规模约为124亿元。

中国SCADA市场形成了内外资两大品牌阵营，国产品牌占据中国市场约60%的市场份额，外资品牌市场占有率约为40%①，中国本土品牌以力控科技、亚控科技等企业为主，在市政、石油、基础设施等应用领域形成了相对稳定成熟的市场，外资品牌以艾默生、ABB、霍尼韦尔等企业为代表，在电子型半导体、轨道交通、烟草、食品饮料、水处理等行业应用广泛。

● MES

2020年，全球MES市场规模约475亿元，预计到2025年将达到846亿元，2021—2025年复合增长率为12.2%②。2022年我国MES市场规模约为46.2亿元。

国际MES厂商起步较早，已在不同的领域形成独特优势，龙头企业具有较高知名度，引领行业发展方向，其中西门子、达索、AVEVA、Honeywell等企业是行业中的领导者，产品布局完成度较高，处于行业中的第一梯队。从国内竞争格局来看，MES软件竞争激烈，西门子、宝信软件、SAP在国内市场中排名前三，国内与国外的差距正逐步缩小，并在特定行业实现赶超，但仍缺乏具备本土领导地位的厂商。

● ERP

根据QYResearch调研报告，2023年全球ERP软件市场规模大约为482.9亿美元，预计2029年将达到714.2亿美元，未来几年年复合增长率CAGR为6.74%。2022年，我国ERP软件行业市场规模约为408.5亿元人民币。

---

① 智研咨询，《2023—2029年中国SCADA行业市场运营态势及投资战略规划报告》.

② 大东时代智库，《2021中国MES产业白皮书》.

德国 SAP、美国 Oracle 等国外企业占据了一半以上的高端 ERP 市场份额，跨国企业、集团型央企和大型企业超过半数使用国外 ERP；中低端市场则被国产厂商所占领，如金蝶、用友网络、浪潮、北自所等，这些代表厂商已经具备较大规模和实力。近年来，随着国内企业对信息化特别是 ERP 系统方面的持续投资，带动了 ERP 在不同行业内的持续、快速发展，国内厂商在高端 ERP 领域也取得了长足进步，与国外企业的差距正逐步缩小。

2. 主要动向

1）三维 CAD

随着云计算等新一代信息技术的发展与应用，组件化、云化和平台化已经成为 CAD 软件的重要发展趋势，微服务架构使得 CAD 软件更具灵活性和可扩展性，云计算则带来了计算资源平台的变迁，使得 CAD 逐渐向“计算在云上而交互在本地”的模式发展。云化和平台化在赋予 CAD 软件能够处理大规模复杂设计、解决实体建模鲁棒操作难题、实现多用户协同设计等优势的同时，也对云化 CAD 软件提出了并行化实体建模算法发展的新要求。以法国达索为例，其最新版本 CATIA V6 更加强调产品协同设计和生命周期管理，采用全新的架构，支持云端协作，融入计算分析功能 SIMULIA 改变了传统的设计建模和计算分析相互独立完成的状态，使得各专业设计人员能够共享模型数据，实现设计和仿真分析的协同一体化。

与人工智能技术融合产生的智能设计也是 CAD 技术重点发展方向之一，将推动 CAD 从设计师主导的人工建模向计算机主导的智能建模发展。机器学习技术可让计算机在一定程度上对设计师的设计、制造意图进行预测，实现对设计、制造语义的自动补全和识别，并完成实体建模操作，从而减轻设计师在概念设计和工艺规划阶段的工作量。虚拟现实技术、自然语言处理技术及计算机视觉技术将促使 CAD 软件从二维交互向三维智能交互发展，如通过手势、语言、草图来交互，也会推动正、逆向设计的融合。智能建模与智能交互相结合，正、逆向设计相互融合将极大提高产品设计的效率。

随着计算机优化设计算法的发展，可根据设计目标参数自动生成最优建模方案的生成式设计进入人们的视野。同时，得益于增材制造技术的完善，使得复杂几何结构的制造成为可能，生成式设计得以充分释放潜力，成为未来CAD软件发展的重要方向之一。这种设计方式可以帮助设计师优化零件强度重量比，模仿自然结构发展的方式，创造出可靠的机械结构，并最大限度地减少材料使用，在汽车工程、航天航空工程、船舶工程建造、机械工程等对优化设计和减重需求迫切的领域中有广阔的应用前景。

2）CAE

随着云计算、人工智能、高性能计算等新一代信息技术的发展与应用，云化、平台化已经成为CAE软件的重要发展趋势，可利用云端高性能计算资源和海量存储空间，进行大规模模型高效并行计算和异地协同设计仿真，提升装备研制效率；此外，设计仿真一体化及多学科联合仿真已经成为CAE软件发展的另一个必然趋势，通过设计仿真集成发展，以及在此基础上的多学科融合，可实现设计迭代过程中信息的自动化流动，为用户提供统一的建模和仿真环境，从而消除设计与仿真之间的界限，提高设计效率和质量。

人工智能与 CAE 的结合将是未来非常有前景的研究和应用领域，将AI与CAE仿真相结合，可以实现更高效、精准的仿真优化，为工程设计带来更多的可能性。AI可以用于加速仿真过程，帮助仿真参数设计和优化，辅助行为和模式的识别，优化仿真实验设计，还可以在多物理场耦合仿真中帮助处理不同物理场之间的复杂交互，优化耦合参数。AI与CAE仿真的结合将为工程设计和优化带来新的机遇，提高仿真效率和质量，减少仿真次数，降低成本。

国外领先的 CAE 产品也在不断迭代发展，从中也可窥见一些CAE的发展趋势。SIMULIA Abaqus提供了新的用于模拟心肌组织的Holzapfel-Ogden各向异性超弹性模型、纤维增强复合材料新的均质化建模技术、增强的隐式迭代耦合算法等；ANSYS改进了包括接触、单元、求解器、多场耦合等许多方面的功能，还补充了两个新的技术展示案例；LS-DYNA 基于人工智能技术发展了一套深度材料网络（DMN）算法用于多尺度分析 RVE 建模、还联合 ANSA 等前处理软件和 BMW 等终端用户，将等几何分析（IGA）方法推向实用；Altair 公司近年来一直在大幅改进革命性的无网格分析软件 SimSolid，在 2023 年的新产品发布会上，展示了基于几何深度学习技术的 Physics AI 仿真预测工具。

3）PLC/DCS/SCADA/MES/ERP

PLC 产品朝着“产品规模两极化、通信网络化、一体化及模块化、智能化”等方向进一步发展。一是 PLC 产品规模一方面向速度更快、性价比更高的小型和超小型 PLC 发展，以适应单机及小型自动控制的需要；另一方面，向高速度、大容量、技术完善的大型 PLC 方向发展。二是 PLC 网络控制是当前控制系统和 PLC 技术发展的潮流，PLC 与 PLC 之间的联网通信、PLC 与上位计算机的联网通信已得到广泛应用。三是随着 PLC 对产品技术和解决方案对软件能力要求越来越高，单一维度的通用产品未来难以满足市场的需求，一体化专机成为未来的发展趋势。四是新器件和模块不断涌现，如智能 I/O 模块、温度控制模块和专门用于检测 PLC 外部故障的专用智能模块等，这些模块的开发和应用不仅增强了功能，扩展了 PLC 的应用范围，还提高了系统的可靠性。

DCS 系统在智能制造背景下朝着“强化数据接入能力、工业数据分析与知识推理能力、过程控制能力及主动信息安全能力”进一步发展。一是强化数据接入能力，形成泛在感知型系统。二是强化工业数据分析与知识推理能力，深度解析和挖掘数据价值。三是强化过程控制能力，将先进控制理论和方法实用化落地。四是强化主动信息安全能力，支撑广域联网，形成工业互联网络。

SCADA 系统进一步朝着“产品平台化、网络化、跨系统化、开放化”等趋势发展。产品平台化主要是下游用户和产品供应商均倾向于将 SCADA 系统作为基础平台产品，在此基础上集成管理控制、定位报警等多元化功能，最大化开发 SCADA 系统软件相应功能。SCADA 系统网络化主要是对重要数据及时跟踪监控进行实时采集、更新存储等，软件工程师足不出户就能监控到程序数据。SCADA 系统跨系统化主要是为了适应操作系统的多样性，跨多种操作系统应用，提升 SCADA 系统应用的灵活性。总的来说，多元化发展是 SCADA 系统未来主要发展方向，进一步推动 SCADA 系统升级迭代。

4）MES

从技术路线来看，MES 经历了传统面向模块，面向对象/组件的开发方式，未来将面向服务 SOA 的架构及面向微服务，全面开源的架构迭代，尤其与工业互联网的“产业中台”技术全面融合之后，有机地实现云与端的协同分工，并将 AI 人工智能应用于生产瓶颈突破，这些都将获得巨大的经济效益。2015 年开始，随着德国“工业 4.0”、美国“工业互联网”的陆续提出，MES 系统也由单一的生产记录型系统，发展为全方位的企业级执行协同系统，升级为更复杂的 MOM 制造运营管理系统。

5）ERP

ERP 产品向云化、平台化、可组装、智能化、行业化等方向进一步发展。一是 ERP 产品将实现真正云原生、完全微服务，支撑弹性扩容和超大并发。二是大型企业 ERP 选型从选应用走向选平台，推动 ERP 从单体软件走向平台软件，基于平台工程推动技术架构、应用架构、部署架构等软件形态变化。三是不稳定不确定的环境下，企业对敏捷应变有更高需求，要求 ERP 提升可配置能力，支持组装式开发、积木式搭建，可拆可合、即插即用，支撑新业务快速变化。四是大模型加速 ERP 智能化发展，AI 框架将成为软件的基础架构，从嵌入智能到原生智能，赋能业务流程自动化、智能化，同时提升客户体验。五是企业对能够满足其特定行业需求的 ERP 的需求不断增加，ERP 边界扩展，与数字化供应链加速融合，推动 ERP 进一步细分和行业化。

三、年度热点事件

1. 国外工业软件企业并购

1）美国新思科技并购美国 Ansys 公司

2024 年 1 月 16 日，全球最大的半导体 EDA 软件供应商美国新思科技（Synopsys）公司宣布将以 350 亿美元的价格收购美国工业仿真软件公司 Ansys。该交易将新思科技领先的 EDA 技术和解决方案与 Ansys 广泛的仿真和分析能力相结合，提供更广泛、深度集成的软件工具组合，进一步加强新思科技在核心 EDA 领域和汽车、航空、航天等领域“从芯片到系统”的发展战略。合并后的公司整体潜在市场规模有望达到 11%的年复合增长率，预计将继续保持行业领先的两位数增长，持续领先行业，这一增速预计将超过整体潜在市场规模的增长速度，且预计在交易完成后的第三年实现约 4 亿美元的运营成本协同效应。

2）法国达索公司近两年的多项并购

其他国外工业软件企业特别是头部企业也在不断通过并购持续扩大和发展。以法国达索公司为例，在 2022 年和 2023 年之间完成了 5 项并购。2022 年 7 月，达索收购 DIOTASOFT，扩展了其 3DEXPERIENCE 平台，为车间提供可行的虚拟孪生体验，使行业能够优化复杂的工业过程并提高运营效率；2022 年 11 月，达索全资子公司 Centric Software 宣布收购 StyleSage，为其提供基于人工智能的竞争性组合基准、价格和产品趋势洞察工具；2023 年 1 月，达索收购 MIG（Microwave Innovation Group，微波创新集团），并入到 SIMULIA 仿真子品牌；2023 年 6 月，达索并购 Innova Regtech，加强了云品牌 OUTSCALE 的金融服务业务体验产品；达索全资子公司

Centric Software 收购人工智能驱动型价格和库存优化解决方案 AIFORA，并入到 Centric PLM，专注为零售和消费电子等企业提供从产品概念设计到上市的 PLM 系统。

2. 国内工业软件企业并购

2022 年 12 月，杭州新迪数字工程系统有限公司引进西门子公司三维 CAD 软件 Solid Edge 的全部源代码和知识产权及整套软件测试系统，并提出了三维 CAD 的“高铁模式”，即通过“引进—消化吸收—持续创新”的方式，研发出有竞争力的软件产品；2023 年 3 月，中控技术完成对荷兰 Hobré 100%股权收购协议的签订，此次收购完成后，Hobré 将成为中控技术的全资子公司，这在完善中控技术在高端仪器仪表领域实力的同时，也为其国际化进程提速提供了有力支撑；2023 年 10 月，中望软件以全资控股方式收购英国老牌商业流体仿真软件开发商 CHAM，获得 CHAM 公司旗下流体仿真软件 PHOENICS 的全部源代码及核心技术，及其在英国、日本的研发中心及业务团队，此次收购标志着中望软件正式进入商业流体仿真领域，加速打造涵盖结构、电磁、流体在内的中望多学科多物理场仿真解决方案；2023 年 10 月，戴西（上海）软件有限公司成功收购美国知名 CAE 软件开发商 ETA 公司旗下的汽车碰撞安全仿真软件 VPG（Virtual Proving Ground）及相关技术成果的全球所有权、全球研发团队、全球市场及所有客户，进一步加强了戴西软件在汽车及汽车零部件方面的工业软件产业布局，提升技术竞争力和市场地位；2023 年 12 月，和利时收购法国 CORYS 子公司华康达，这增强了和利时在全球工业自动化领域竞争优势的同时，也帮助了华康达融入和利时在中国大陆的销售、工程服务和供应链体系，从而使双方在优势领域充分激活，进一步推动双方业务发展。

3. 国内工业软件企业上市情况

2023 年 4 月 13 日，HR SaaS 及人才管理平台开发企业北森控股有限公司在港交所主板上市；2023 年 4 月 17 日，生产控制工业软件企业浙江中控技术股份有限公司发行的全球存托凭证（简称“GDR”）在瑞士证券交易所上市，打开国际融资渠道，助力其海外业务布局；2023 年 4 月 18 日，CAE 研发企业上海索辰信息科技股份有限公司在上交所科创板上市；2023 年 5 月 24 日，航天科技集团公司下属的以工业软件和数据库为主营业务的北京神舟航天软件技术股份有限公司在上交所科创板上市；2023 年 10 月 10 日，CAD 研发企业苏州浩辰软件股份有限公司在上交所科创板上市。

4. 国内工业软件企业新产品、新版本发布情况

国内工业软件企业持续开展产品研发和迭代升级，众多新产品、新版本相继发布。2023 年 4 月，新迪天工 CAD V2023 R3 版本正式发布；2023 年 6 月，科大九韶发布 CAX 一体化工业软件内核 AMCAX 3.0；2023 年 6 月，同元软控 MWORKS 2023b 正式上线；2023 年 9 月，云庐科技发布全球首款 CAE 领域大模型 CAEGPT；2023 年 9 月，浩辰新版 CAD 2024 发布；2023 年 10 月，数码大方发布新版 CAXA CAD/PLM 2024 全线产品；2023 年 11 月，浪潮海岳大型企业智能 ERP GS Cloud 6.0 正式发布；2023 年 11 月，北自所发布全新 RS10 Cloud 系列产品，涵盖了云模式 ERP 和 MES 产品；2023 年 12 月，中船海舟发布珊瑚 Marine 1.0、虎魄 PLM 1.0 两款产品；2023 年 12 月，中船七〇二所发布船舶工业 CAE 软件产品（流体+结构）V2024 版；2023 年 12 月，神软公司推出新一代 PLM 平台 AVIDM 6.0 产品。

四、重点企业分析

1. 达索系统

达索系统于 2023 年 3 月发布的 2022 年财报显示，截至 2022 年 12 月 31 日，达索系统共有 22 523 名员工，遍布于 136 个国家，其中 41%为研发人员。

达索系统在 2022 年取得了良好的业绩，总营收按固定汇率计算增长了 9%，达到 56.7 亿欧元，利润率达到 33.4%。按照产品线收入组成来分，生命科学软件收入增长 13%，达到 11.3 亿欧元，占软件收入的 22%，包括其 MEDIDATA 和 BIOVIA 品牌，MEDIDATA 整年表现优异；工业创新软件收入增长 8%，达到 27.2 亿欧元，占软件收入的 53%，包括 CATIA、ENOVIA、SIMULIA、DELMIA、GEOVIA、NETVIBES 和 3DEXCITE 品牌，CATIA 和 ENOVIA 表现最佳；面向中小企业的主流创新软件收入增长 7%，达到 12.7 亿欧元，占软件收入的 25%，包括 CENTRIC PLM 和 3DVIA 品牌，以及其 3DEXPERIENCE WORKS 系列产品（含 SOLIDWORKS）。

达索系统以新一代 3D 工业软件平台 3DEXPERIENCE 为核心，设置有 3D 建模应用、社交协作应用、仿真应用、信息智能应用、商业体验的基础设施五个模块，共 13 个品牌的产品，为制造业、基础设施和城市、生命科学与医疗保健三大领域的行业客户提供服务。根据公司对 3DEXPERIENCE 平台和软件组合的估计，其在当前软件领域的总触达市场（TAM）约为 450 亿美元。2022 年达索系统在 3DEXPERIENCE 平台上推出生命周期评估解决方案，以改变可持续创新过程。

2. 西门子

西门子于2023年11月发布的2023财年财报，西门子2023财年（2022年10月1日至2023年9月30日）成功保持其盈利增长态势，实体业务利润、盈利能力，以及净收益均创下新的历史纪录。2023财年的营收在可比基础上增长11%，达778亿欧元（2022财年720亿欧元）；新订单额在可比基础上增长7%，达923亿欧元（2022财年890亿欧元）；订单出货比为1.19，处于极高水平(2022财年1.24)；储备订单总额再次突破纪录，达到1110亿欧元。

西门子的工业软件产品包括研发设计、生产控制、运营管理、嵌入式软件等共计16个产品线，包括高端CAD/CAM软件NX、低端CAD软件Solid Edge、EDA软件Mentor、PLM软件Teamcenter、3DCAE与测试软件Simcenter、MOM软件Opcenter、数字化制造软件Tecnomatix、物联网操作系统MindSphere、3D软件开发工具包PLM Components、应用程序生命周期管理解决方案Polarion、低代码开发平台Mendix等。上述软件都可利用其Siemens Xcelerator平台将整个西门子工业软件产品组合融合在一起，形成开放式数字商业平台，为客户数字化转型提供支持和服务。

3. 中望

广州中望龙腾软件股份有限公司（简称中望）致力于CAD/CAE/CAM自主核心技术与产品的研发攻关超过25年，现有员工超过2000人，其中研发人员超过1100名，产品销售至全球90多个国家和地区，广泛应用于机械、建筑、船舶、轨道交通、高科技电子等领域，并为许多所高等学校相关专业提供人才培养解决方案。2022年中望软件位居国产研发设计类工业软件市场份额第一，2023年实现营业收入82759.03万元，同比增长37.11%。

目前，中望以“二维 CAD、三维 CAD/CAM、结构/电磁/流体/

多学科仿真”为核心技术与产品矩阵，拥有授权发明专利 56 项，软件著作权 393 项，“中望 3D”是迄今唯一荣获“2023 年中国版权金奖”的工业软件产品。2023 年，中望收购英国商业流体仿真软件 PHOENICS，持续完善多学科多物理场仿真解决方案，并与苏交科、华阳成立合资公司，收购北京博超软件，致力于打造多行业数字化解决方案，助力工业高质量发展。

面对工业数字化转型和发展新质生产力的趋势，未来中望将依托自身在 CAx 底层核心技术的积累，以自主三维几何建模引擎技术为突破口，打造贯穿设计、仿真、制造/建造全流程的自主三维数字化平台，建立可持续发展的、多赢的产业生态系统，为全球用户提供可信赖的 All-in-One CAx 软件和服务，为世界工业进步贡献力量。

4．数码大方

数码大方（CAXA）是中国自主研发的工业软件公司，成立于 2003 年，营业收入超 2 亿元，是工信部国家级专精特新“小巨人”企业，有超过 400 项专利及著作权，其中软件发明专利超百项，用户包括中国商飞、西航、福田、兰石、西电、美的、华为、科达、沈鼓等企业。

数码大方有 CAD/CAM、PDM/CAPP/PLM、MES/DNC 等系列软件产品，为企业的研发设计和生产制造提供服务。近年来，该公司构建了工业软件云服务平台以降低客户应用门槛，并通过开放自主内核和平台技术支持合作伙伴开发应用软件。目前，该公司 CAXA 软件在装备、汽车、电子电器、航空航天、工程院校等领域获得了较为广泛的应用。

未来几年，数码大方除继续开展三维 CAD 核心技术突破与高端产品研发外，还计划拓展 PLM 多专业、多阶段、多终端泛云化协同技术，深度融合 AI 技术打造贯通制造业研发设计和生产制造全流程的新一代 PLM 产品，其公司愿景为致力于成为中国自主的设计制造数字底座，发展成为具有国际竞争力的工业软件提供商。

5. 安世亚太

安世亚太公司从事CAE仿真行业二十多年，是国内CAE龙头企业，核心业务为工业仿真软件的研发和服务，是国家重点软件企业、国家级“小巨人”企业，拥有国家及省部级研究院，客户数量5000多家，主要集中在高端制造业，其中高科技企业和军工企业的收入占公司总收入的60%以上。

近两年，安世亚太公司加大了自主仿真技术和软件的研发投入，核心技术增长较快，获得500余项专利，自主技术和产品体系比较完备，在数百家企业完成了工程应用验证。其旗下的PERA SIM仿真软件覆盖了结构、流体、电磁、声学等多学科集成与优化，CAE前后处理软件接近国际先进水平，网格划分技术已经处于国际第一梯队。基于仿真的数字孪生平台和研发数字化平台也是安世亚太公司近两年的重点投资方向，其提出的数字孪生生命体模型和研发数字化转型理论体系，在业内具有较大影响力。基于该模型和理论体系开发的数字孪生软件和研发数字化平台，在工业用户中获得工程验证，并取得相应的业务收入。

未来三年，安世亚太公司仍以自主仿真、数字孪生及研发数字化相关软件的研发和服务为核心业务，除新功能开发外，还将进一步提高仿真软件的性能、精度和使用效率。该公司启动了发展AI驱动的新一代CAE软件，用于推动自主仿真向易用、快速、准确的方向进步。

6. 中船七〇二所及下属奥蓝托公司

中船七〇二所是国内外享有盛誉的船舶与海洋工程等领域的综合性研究试验机构，总体规模居世界前三、亚洲第一。奥蓝托公司是其投资成立的控股软件公司，2023年软件产值超1.5亿元，利润近4000万元。

近几年，中船七〇二所联合奥蓝托公司研发了海洋结构分析通用软件 SAM、船舶流体 CFD 软件 NaViiX 等系列 CAE 软件，已在 30 余家单位开展推广应用。奥蓝托公司围绕自主软件品牌 OLTran，在 CAE 前后处理、APP 开发、协同研发平台、数字化试验 TDM、数字化管理等方面，提供全栈自主解决方案，已在 150 余家单位开展应用。未来，奥蓝托公司将在自主 CAE 软件、数字化试验、数字化管理三大板块持续发力，为企业数字化转型提供自主可控的解决方案。

7. 和利时

和利时创建于 1993 年，是全球智能化系统解决方案的主要供应商，现有员工 5000 余人，2023 年收入总额达 55.8 亿元。业务集中在工业智能化、交通智能化、食药智能化三大板块，覆盖国计民生主要行业，主要客户包括国家能源集团、国家管网、中石油、中石化、中海油等。和利时是国家认定企业技术中心、国家创新型企业、国家首批智能制造试点示范企业，获得国家发展改革委颁发的“国家高技术产业化十年成就奖”。

近年来，和利时发布 LX 系列高端 PLC 产品，推进装备行业头部客户试用；新产品 OCS 工业光总线控制系统持续应用于各领域重大项目，以其节约、高效、绿色优势不断扩大行业影响力；完全自主可控的 DCS 系统全面应用于电力行业，并不断向油气、石化行业拓展；不断推进工业软件整合与提升，AMS 部分性能达到国际先进水平，IDM 形成首个智能设备管理示范项目，Batch 迈出国产化第一步，SCADA 规模提升到百万点。

未来，和利时继续凭借深厚的技术实力和市场经验，不断推出面向各行业的专业解决方案，持续研发并推出国产化的控制系统产品，使新技术向工厂应用场景迁移，在智能制造领域发挥更大价值。

8. 浪潮

浪潮通用软件有限公司（简称浪潮）是国内领先的企业软件与云服务提供商、工业软件与智能制造解决方案供应商，自主研发了海岳软件，涵盖智能 ERP、工业软件、PaaS 平台等系列产品，助力 76 户央企，186 家中国 500 强企业数字化转型，支撑了中交集团、东方电气、中国国机、中铁工业、特变电工等业界标杆，在大型集团管理软件市场占有率第一，企业 aPaaS 市场综合竞争力第一，中国低代码私有云部署模式市场占有率第一。

2023 年浪潮突破了柔性可组装、大规模微服务运维等国际先进技术，发布了浪潮海岳大型企业智能 ERP GS Cloud 6.0、PaaS 平台 iGIX 6.0、智能制造 MOM 平台 6.0 等产品，基于全新一代体系架构，支持超大规模全球应用，全面覆盖从经营管理到生产运营的业务领域，全面支撑大型企业数字化转型。为中交集团、中国铁塔、东方电气等企业提供经营管理数字化服务，助力打造中铁工业、特变电工、济南二机床等国家级智能制造和绿色制造的示范工厂。

技术革命、产业变革推动企业软件的生产方式、架构形态、应用模式、发展模式转型创新。浪潮在高端市场优势明显，战略客户基础雄厚，同时具备一流的科技创新能力，将紧抓人工智能、大模型、可组装等技术趋势，将浪潮海岳打造成世界一流企业软件，围绕经营管理数字化、生产运营数字化进一步巩固、扩大高端市场优势，加速国产软件创新发展进程。

9. 中机数科

中机数科（北京）信息技术有限公司（简称中机数科）的前身是北自所软件事业部，是国内为数不多深耕离散制造业企业管理和制造执行管理的专业厂商，不仅精通制造业流程及管理，同时在工业控制和集成方面的经验也相当丰富。近年来，在成熟的产品和解决方案基础上，结合市场需求加大研发投入，开发新一代基于云模式产品，涵盖云模式 ERP、云模式 MES、开发平台等系列产品，以期为企业提供支持简化部署的、模块化配置的、安全可靠的平台解决方案，推动轨道交通、兵器、航空领域的应用。

中机数科 RS10 系列产品，多次获得工信部、国资委推荐，其应用成果有效改善国内制造业依赖国外工业软件的现状，提高工业软件的安全可控程度，降低企业运行风险。应用效果大幅优化企业管理流程，提高企业资源利用率，减少企业的信息化成本负担，提升企业运行效率，促进产业优化转型，为相关行业和企业所在区域的智能制造建设起到了较好的带动作用。

五、存在的问题与措施建议

1. 存在的问题

1）我国工业软件基础与核心技术薄弱

我国工业基础能力薄弱，正向研发设计能力不足，国产工业软件与国外相比具有技术代差。三维 CAD 内核、CAE 求解器等基础与核心技术大多购买 Parasolid 等国外三维几何引擎授权，或者直接使用国外开源内核进行软件产品开发，导致自主研发设计类工业软件基础与核心技术发展严重滞后。

2）未能形成合力，缺乏长效攻关机制

长期以来，工业企业、工软企业和大学/研究所三类主体仍呈现各自为战的局面，各主体之间缺乏有效的协同与配合，研究和开发的力量非常分散，虽各有所长但又各自短板明显，特别是在一些差距明显的领域和产品，产业界和学术研究界存在一定的割裂，尚未能形成合力。此外，政府专项采用的项目遴选机制无法保证各研究

主体获得持续支持，而社会资本更愿意投入其他“短平快”的项目，企业自身投入也不足。

3）工业头部企业对自主工业软件的带动孵化作用不足

我国航空、航天、船舶、核工业等重点制造领域的研发设计类工业软件几乎都是国外工业软件，并在设计研制过程中越来越依赖国外软件，这不仅影响我国工业产品正向设计能力，而且使国内软件与国外软件的差距不断拉大，形成了应用生态壁垒。

4）我国基础工业软件人才缺口较大

长期以来，我国工业软件开发企业难以给予具有竞争力的薪酬待遇，造成产业人才缺失。另外，基础工业软件需要对复杂跨学科知识、工业机理、设计对象、业务场景等具有较为深入的理解和认知，复合型人才培养周期长、难度大。

2．措施建议

1）设置工业软件项目群，布局工业软件基础核心技术与关键技术突破

针对不同类型的工业软件及其中不同的攻关难点，立项一批项目，“全线出击，分割包围”，各项目之间形成有效协同，促进技术和产品尽早取得突破。另外，对于其中难度特别大的关键核心技术，如三维 CAD 几何引擎、CAE 求解器等，可设置多期项目滚动支持，以长期稳定的支持确保研究的持续性，久久为功，以期寻求彻底的突破甚至实现超越和领先。

2）组建国家队，构建开放创新生态的举国体制

为避免“项目一停，队伍就散”的问题，集合高校、研究所和重点行业龙头企业，创建非营利性、独立法人实体的民办非企业新型研发机构，建立长效运营机制，确保科研队伍的稳定性及研究方向的持续性，给予新型研发机构长期持续的资金支持，提供配套条件及扶持政策。在 CAD 内核/CAE 求解器等基础工业软件领域，促进各类主体大力拥抱开源，以政府为主导构建自主基础工业软件开源社区，瞄准工业核心软件关键技术，以开源为手段，强化“产学研用”深度融合，引导构建自主可控的工业软件生态。

3）以工业企业为主体带动应用创新，加大推广力度

面向航空航天、船舶、电子、石化等重点行业，由龙头企业牵头整合力量，全面梳理在理论、机理、技术等方面的现状和差距，明确需要优先和重点突破的薄弱环节，优先打造面向特定领域的高端行业专用软件。坚持行业工业软件是“用出来的”，明确国产可替代分级目录，支持企业试用、使用国产工业软件，实现产业需求带动核心技术发展与核心技术发展促进企业革新的双向反馈互动发展。

4）加强基础人才培养，为产业输送专业人才

加大力度建设以面向国家战略需求为办学方向的特色化示范性软件学院，依托我国示范性软件学院现有教育科研资源，深入开展面向工业软件“特色”人才培养。重视跨学科人才的培养，鼓励计算机软件与数学、物理等基础学科的交叉，探索程序语言、软件开发、人工智能与工程应用相结合的人才培养新模式，着力培养复合型软件开发人才。促进产学研用深度融合，面向企业的实际需求，建立符合软件工程学科发展特点的教学体系和培养机制，为学生配备一流的学术与企业融合师资团队、提供一流的学习和实践环境，因材施教，引导学生找到适合自己发展的专业领域方向，为我国工业软件发展输送高质量的高端人才。

编写单位：清华大学软件学院、清华大学大数据系统软件国家工程研究中心
编写人员：王晨、徐哲
审稿人：王建民

第十三章

发电装备

一、产业发展概况

煤电方面，我国已投运的百万千瓦超超临界煤电机组超过 170 台、装机容量超过 1.7 亿千瓦，百万千瓦煤电机组数量、装机容量均居世界第一。国际首创的安徽平山电厂 135 万千瓦高低位布置超超临界二次再热机组已经投入运行，设计供电煤耗 251 克/千瓦时。山东郓城电厂正在抓紧推进世界最高参数的 630℃二次再热超超临界煤电机组建设。

水电方面，从三峡电站引进大型水电机组技术一路走来，我国水电机组设计制造能力持续提升，成功实现了从三峡工程建设前的单机 32 万千瓦到三峡工程的 70 万千瓦、再到溪洛渡和向家坝电站的 80 万千瓦、再到白鹤滩水电站的 100 万千瓦，实现了打破世界纪录的“三级跳”。

核电方面，在借鉴国际先进技术理念和成熟经验的基础上，我国自主研发了百万千瓦级三代核电“华龙一号”和 CAP1400，主要技术和安全性能指标均达到世界先进水平，核电技术在党的二十大报告中作为我国进入创新型国家的标志之一。形成了较完备的产业体系，自主成套能力达到 10 套/年左右，主泵、压力容器、蒸汽发生器、数字化仪控系统（DCS）、超大型铸锻件等重大装备和关键材料实现国产化，国产化率达到 85%以上。

风电和光伏发电方面，截至今年 9 月底，我国风电装机容量约 3.5 亿千瓦；太阳能发电装机容量约 3.6 亿千瓦。风电机组产量、装机规模稳居世界第一。第一批以沙漠、戈壁、荒漠为重点的大型风光电基地（装机规模 9705 万千瓦）已经全部开工建设，第二批的基地项目正在抓紧开展项目的前期工作。风电产业链完整，形成了完备的风电设备制造体系，7 家风电整机制造企业入列全球前十。3～5 兆瓦风电机组已成为我国陆上风机主流机型，10 兆瓦海上风电机组已经并网发电。光伏产业占据全球主导地位，多晶硅、硅片、电池片和组件分别占全球产量的 76%、96%、83%和 76%。光伏技术快速迭代，多次刷新电池转换效率世界纪录，量产单晶硅、多晶硅电池平均转换效率分别达到 22.8%和 20.8%。

二、主要产品和技术进展

1. 基础零部件与元器件

核电常规岛关键阀门、堆内构件、整体堆芯围筒锻件、湿绕组电机主泵用绕组电缆、核设备用高性能双卡密封接头及三向接头仍然依赖进口。大型变速抽蓄机组交流励磁单元、自适应油/水-水/水液动阀，虽然我国有少数企业处于小样机研制阶段，但尚未实现国产化。大容量长寿命磷酸铁锂电池虽然取得技术突破，但高压氢气隔膜式压缩机膜片尚处于研发验证阶段。气电热部件、燃料控制阀等关键部件依赖进口，轮盘和拉杆等虽有国产化替代，但性能、质量等仍有明显差距。风电大型轴承、中压变流器 IGCT、PLC 控制器等国内产品尚难以保障自主发展的需要。

2. 基础材料

光伏异质结电池 ITO 靶材、绿电制氢设备质子交换膜、核电石墨自润滑免维护轴承材料、耐高温耐辐照有机硅浸渍漆等材料虽有国产化替代，但性能、质量等仍有明显差距。发电设备用大中型锻件及铸件材料、双孔和单孔转子含银铜排、核级部件用焊材、大丝束碳纤维、光伏正面电极银浆用银粉及异质结电池银浆及银粉依赖进口。我国超高水头 1000MPa 钢板及其配套焊接材料、高性能 410NiMo 气保焊焊接材料已达到国际领先水平。

3. 基础工艺

精密加工刀具、工业射线检测设备、复杂空间尺寸测量系统、关键设备数控加工系统、焊接变形实时监控系统、高温叶片定向结晶炉、高端焊接设备焊接电源、精密喷涂设备等关键研制装备均为关键工序或关键零部件的加工生产所需，主要集中在核电转子焊接与加工、核电叶片加工、燃机高温叶片和轮盘加工、定子线棒接头焊接、绝缘包扎、定子线圈加工、换热管焊接、燃料电池膜电极制备等环节，对外依赖度高。

4. 工业基础软件

随着“源网荷储”一体化的发展，新型电力系统需要依赖数字技术，发展更加智能的电力系统，各种电力装备的智能化工作都已经开始进行。物联网、云计算、大数据等人工智能的快速发展，开始尝试在发电领域应用人工智能的相关技术和成果。火电在向智能化发展过程中，在平台的开发完善、燃料管理、主动安全、设备故障预警、锅炉燃烧控制、网源互动灵活性控制、机器人巡检、设备检测、竞价决策支持、信息和功能安全、集团级数据平台等方面没有得到协同发展，需要加强研究和应用。水电智能化发展较其他发电环节建设相对滞后，电站中配套设备较差。核电领域智能化工作正多线开展，核电已在多个系统开展核电工业互联网应用研究，同时相关基础平台和数据资源应用研究也都在进行中。

5. 产业技术基础

火电、核电机组运行方式从原来的承担基负荷运行转变成调峰、调相、调频的灵活性运行。发电机灵活性运行导致定子槽内松动、定子铁心松动等趋势和故障逐渐升高，严重影响发电机安全运行。我国各大发电机制造企业已逐步开展了智能监测与诊断的相关工作和研究。在“双碳”目标下，构建清洁低碳安全高效的能源体系，着力提高利用效能，实施可再生能源替代行动，构建以新能源为主体的新型电力系统，对于输变电设备行业也提出了新的要求。新型电力系统在源、网、荷、储各环节对输变电装备产业提出新的应用场景需求，将给产业的重点产品带来全新的发展机遇，对保障产业链安全，推动产业转型升级具有积极作用。

三、存在的问题与措施建议

1. 存在的问题

目前，虽然我国发电装备主机生产能力已经位居世界第一，但是在一些关键原材料、关键零部件及设计仿真软件方面，产品结构不尽合理，产品总体水平偏低，造成装备及技术短板（见表 3-1）。

表 3-1 电力装备行业短板情况

序号	分类	名称	技术难点	国外生产厂商
1	整机	可变速抽水蓄能机组	1．励磁系统研发； 2．水泵水轮机的研发； 3．控制技术	福伊特、安德里茨、阿尔斯通
2	整机	重型燃气轮机	1．设计技术； 2．高温热部件制造； 3．控制技术	美国 GE、西门子、三菱
3	零部件	火电、核电机组常规岛关键阀门	1．阀门密封技术； 2．阀门动作特性研究； 3．阀门调节精度研究	美国康索里德公司、日本东亚公司、美国 Fisher、CCI、梅索尼兰、美国 R&K 公司，德国 SAMSON
4	零部件	大型变速抽蓄机组交流励磁单元	1．交流励磁的控制策略，包括网侧控制策略，机侧控制策略，启动控制策略； 2．交流励磁变频器拓扑结构的实现； 3．交流励磁控制策略在国产控制平台上的软件实现； 4．交流励磁单元的试验	日本东芝、瑞士 ABB、美国 GE
5	零部件	自适应油/水-水/水液动阀	1．零部件材质的选择； 2．零件密封性能； 3．抗腐蚀性能	东芝水电
6	零部件	核设备用高性能双卡密封接头及三向接头	接头结构设计，螺纹镀铬技术、接头渗碳技术、螺母镀银技术	美国世伟洛克
7	零部件	氢燃气轮机燃烧器	1．回火烧蚀、热声振荡问题：对燃料喷嘴与燃烧器结构进行优化改进，开发先进的预混技术；提升氢燃料燃烧稳定性； 2．高 NOx 排放问题：低排放燃烧技术； 3．冷却设计技术：针对氢火焰高温与反应物 H_2O 增加，开发相应复合冷却技术，满足燃烧器寿命需求	美国 GE、西门子、三菱、日立、安萨尔多、川崎

续表

序号	分类	名　　称	技 术 难 点	国外生产厂商
8	零部件	H/J 型燃气轮机透平末级叶片铸件	1. 超大尺寸高温合金叶片精铸冶金缺陷控制技术； 2. 超大尺寸高温合金叶片精铸型壳制备技术； 3. 超大尺寸高温合金叶片尺寸精度控制技术	美国 GE、三菱、西门子
9	原材料	光伏异质结电池 ITO 靶材	靶材密度：大于 $7g/cm^3$； 迁移效率 $35m^2/V \cdot s$	日立、韩国三星
10	原材料	发电设备用大中型护环锻件材料	可变速抽水蓄能机组端部护环锻件： 1. 屈服强度≥570MPa； 2. 直径 5 米以上； 3. 100 奥斯特下磁导率≤1.05 核电半速汽轮发电机护环锻件： 1.护环力学性能：Rm≥1177MPa，Rp0.2≥1177MPa，A50mm≥15%，Z≥52%，KV2≥102J； 2. 尺寸：ϕ1770mm～ϕ1803mm/ϕ1962mm； 3. 磁性能：7958A/m 磁场下，磁导率不大于 1.05	德国艾森能源技术有限公司、日本制钢所 M&E 株式会社
11	软件	载荷仿真	1. 风机气弹耦合系统建模和仿真技术； 2. 风机刚柔耦合结构高精度建模和仿真技术； 3. 长柔叶片非线性结构建模和仿真技术； 4. 模块化软件平台技术； 5. 控制器接线等	DNV GL，NREL（美国国家新能源实验室），西门子，维斯塔斯，通用能源
12	软件	漂浮式风机一体化仿真	1. 长柔叶片气弹耦合机理及其仿真技术； 2. 复杂运动环境下传动链仿真技术； 3. 高效锚链动态刚度仿真技术； 4. 风、浪、流环境离散化技术	美国国家新能源实验室，西门子，Vestas，GE，DNVGL

续表

序号	分类	名　　称	技 术 难 点	国外生产厂商
13	软件	轴承校核软件	1. 如何有效仿真多体复杂接触情况下的复合运动； 2. 如何通过测试轴承的实际工作情况来验证仿真结果	德国 Schaeffler、美国 Timken

发电装备产业链布局发展不平衡，关键基础材料“卡脖子”风险日益凸显。我国电力装备制造产业在产业链环节中难以做到全面发展，现有产业主要集中在中游装备制造及下游推广应用，而在上游设计研发及基材制造环节及下游专业服务维修等方面还有待加强。尽管我国发电设备基础材料工业水平在不断提高，但在一些关键领域依然存在“无材可用、有材不好用、好材不敢用”的现象，尤其是重大装备制造、重大工程建设、战略性新兴产业等领域所需的部分材料产品严重依赖进口。合成树脂、合成橡胶、合成纤维等领域高端专用料牌号和部分关键单体依赖进口，虽然我国钢铁产量的全球占比超过一半，但高端轴承钢、超高强度不锈钢、燃气轮机用高温合金等短板材料依然依赖进口。面对日益复杂的国际政治经济形势，高端原材料产品如果进口受阻，将给发电设备上下游产业和重大工程战略安全造成连锁反应。

工业软件、控制系统等发展严重受制于人。我国国产工业软件只在局部细分领域偶占优势，大量的工业辅助设计、工艺流程控制、模拟测试等工业软件市场长期被国外企业垄断。其中，研发设计类软件是我国发展最为薄弱的领域。法国达索系统在研发设计类软件市场、德国西门子在生产控制类软件市场占据领先地位，国内仅航天神软、金航数码、宝信软件等在细分市场占据一些市场份额。控制系统也是如此，由于现代控制理论、方法和技术基础薄弱，国产控制系统在可靠性、稳定性、环境适应性等方面存在较大差距，进入重大工程难度很大。

2. 措施建议

针对我国发电装备当前发展状态，提出如下措施建议。

设立装备产业国家重大专项。设立“新一代装备关键技术研究与示范”国家重大专项，重点研发消纳高比例新能源输电技术和装备、重工业退煤、脱碳技术和装备、再电气化的市场机制和技术装备、氢能生产储运应用场景及技术装备、绿电交易和碳交易的技术和市场规则、应用新一代信息技术（大云物移智区等）能源平台技术等碳达峰碳中和核心关键技术问题。

鼓励企业开拓国际市场。支持企业加强国际合作，统筹推进海外工程建设，打造海外工程品牌，带动装备“走出去”。同时，发挥“链主”企业作用，深化国际交流，加强技术标准、检验检测、认证等方面的国际互认。

开展重大试点示范工程建设。引导装备制造企业提高供给质量，保障国家重大工程项目建设。发挥重大工程带动作用，鼓励工程建设运营单位加大创新装备采购力度，通过示范引领，加快发电装备创新发展。

制定装备行动计划和技术发展路线图。分步骤制定装备及技术绿色低碳发展路线图，实施装备产业三年行动计划和装备产业中长期发展纲要，编制产业阶段发展路线图，强化政策导向，加大财政支持力度。

搭建新一代装备公共服务平台。牵头组织绿色低碳技术评估、共性技术研究；开展相关标准制修订；完善装备低碳降碳检测、认证服务体系；强化全产业链全生命周期的检验检测能力；培育一批运作规范、支撑力强、公信度高的示范平台，满足中小企业发展需求，引导行业规范发展。

编写单位：中国电器工业协会
编写人员：潘理达
审稿人：邓伟

第十四章

高端医疗装备

医疗装备自主自强对于保障人民健康、推动医疗事业发展、提高国家科技竞争力和促进国家经济发展都具有重要意义。首先，医疗装备自主自强是落实党的二十大精神增进民生福祉，提高人民生活品质，推进健康中国建设的重要环节。其次，医疗科技是国家科技实力的重要组成部分，也是深入实施科教兴国战略、人才强国战略、创新驱动发展战略的重要支撑之一。最后，医疗装备市场潜力巨大，自主自强有助于推动国家经济，带动相关产业的发展。

我国高端医疗装备自主创新发展历史短、基础相对薄弱。但党的十八大以来，在健康中国、科技强国和“四个面向”国家战略部署下，医疗装备自主研发取得突破性进展，市场规模快速增长。根据中国医学装备协会 2024 年 3 月 29 日公布的最新数据，2023 年，我国医疗装备市场规模达到 1.27 万亿元，同比增长 10.4%，保持全球第二大单体国家市场；全年专利申请量达 13.8 万余件，占全球的 67%。本章旨在通过系统分析和汇总医疗装备与技术的产业要素，结合我国相关产业要素的分布与特点，对我国医疗装备产业的整体现状与未来发展方向进行高度概括的介绍。

一、主要产品和技术进展

1. 基础材料与基础工艺

医疗装备涉及的材料种类较多，按材料组成，可分为金属与合金材料、无机材料、有机材料、放射性材料等，本章所整理的材料有 33 种。常见的基础工艺包括金属加工、锻造、合金冶炼、制陶、半导体加工、纳米材料制备、生物材料制备等。目前，我国已具备大部分基础材料的制备能力，我国的基础工艺还可以满足大部分中低端的医疗装备生产需求；但在本章整理的材料中，超过半数的高端装备所需的材料加工工艺仍然有待提升，高端材料存在进口依赖现象，详细信息见表 3-2。

表 3-2　医疗装备基础材料信息表

序号	设备	名称	用途	基础工艺	目前水平
1	通用材料	不锈钢	设备机架、轴承、设备滑轨	镜面、热轧、剪、折、弯、焊可以自主实现	铁矿石依赖进口，主要进口国为澳大利亚、巴西等国，受限
2	通用材料	黄金	电路焊点	鎏金、花丝镶嵌、锤揲、金银错、掐丝、炸珠、錾花、累丝工艺可以自主实现；缺乏高端工艺	依赖进口；主要进口国为美国，受限
3	通用材料	铝及铝合金	设备机架	冲压加工、机械加工、粉末冶金、注塑成型等可以自主实现	部分依赖进口；主要进口国为几内亚和澳大利亚，受限
4	通用材料	有机硅	设备外壳材料、医用敷料	生长技术可以自主实现；缺乏高端工艺	出口超过进口

续表

序号	设备	名称	用途	基础工艺	目前水平
5	通用材料	聚氯乙烯	设备外壳材料、医用敷料	气相法、淤浆法、溶液法、高压聚氯乙烯工艺部分可自主实现；缺乏高端工艺	产能过剩
6		塑料	医疗装备外壳材料、医用耗材包装材料	配料、成型、机械加工、接合、修饰和装配工艺可以自主实现；缺乏高端工艺	产能过剩
7		橡胶	光胶键合	生胶、塑炼	依赖进口；主要进口国为马来西亚、印度尼西亚和泰国
8		铟镓砷	光电二极管	纳米结构生长技术可自主实现；缺乏高端工艺	不依赖进口
9		铟砷锑		熔融、降温生长可自主实现；缺乏高端工艺	
10	放射性材料	锶-89	核医学分子探针	主要通过反应堆或加速器辐照后，经过一系列放化分离手段获得；其中反应堆生产的医用同位素占比超过80%	依赖进口；我国目前只能保证少量碘-131和镥-177的稳定生产，无法满足市场需求
11		钇-90			
12		锝-99			
13		碘-131			
14		镥-177			
15		镭-223			
16		锕-225			
17	医学影像器械材料	锗	射频放大器、梯度放大器、光电探测器	化学处理、精制工艺、粗磨、抛光、镀膜可自主实现；缺乏高端工艺	高端产品依赖进口；主要进口国为美国及日本
18		铂铱合金	医疗影像装备传感器	冷加工、热处理可自主实现；缺乏高端工艺	严重依赖进口；主要进口国为南非、俄罗斯和津巴布韦
19		镍铬合金	屏蔽隔板	熔炼、热加工可自主实现	铬主要集中在哈萨克斯坦和南非，镍主要集中在印尼；不受限

续表

序号	设备	名称	用途	基础工艺	目前水平
20	医学影像器械材料	钛及钛合金	CT球管内部散热，口腔种植体等	电火花加工、铣削、车削、磨削、钻削、攻丝可自主实现；缺乏高端工艺	依赖进口；主要进口国为澳大利亚，巴西和印度；受限
21		陶瓷	探测器、CT球管、MRI超导磁体、口腔种植体	磨料加工、弹性加工、化学加工工艺可自主实现；缺乏高端工艺	高端依赖进口；主要进口国为英国、意大利、日本和德国
22		熔融石英	CT球管真空管、透镜、滤光片、光纤、振镜	原料预加工、配合料制备、熔制、成型、热处理工艺可自主实现；缺乏高端工艺	逐渐不依赖进口
23		硫化铅	光电探测器	矿物抑制、复选分离可自主实现	铅依赖进口；主要进口国为澳大利亚；受限
24		聚乙烯	医疗设备外壳材料、医用敷料	气相法、淤浆法、溶液法和高压聚乙烯工艺部分可自主实现；缺乏高端工艺	半数依赖进口；主要进口国为中东各国
25		硅	影像装备探测器、CT球管、电子元器件等	生产技术可自主实现；缺乏高端工艺	高端依赖进口；主要进口国为美国；受限
26		ABS塑料	设备外壳	乳液聚合与直接聚合工艺可自主实现；缺乏高端工艺	半数依赖进口，主要进口国为中东各国
27		铌钛合金	超导磁体	熔炼工艺可自主实现；缺乏高端工艺	依赖进口，主要进口国为巴西；受限
28		铌锡合金			
29		铜	超导磁体，梯度线圈，射频线圈	火法冶炼工艺，湿法冶炼工艺可自主实现	部分依赖进口，主要进口国为智利、秘鲁、中非等国；受限
30		氦	超导磁体	天然气分离工艺，合成氨分离工艺，空气富集工艺，铀矿石提纯工艺可自主实现	依赖进口，主要进口国为美国、澳大利亚、卡塔尔；受限

续表

序号	设备	名称	用途	基础工艺	目前水平
31	医学影像器械材料	高纯度无氧铜	CT 球管内部阴极阳极、散热、液态金属轴承	熔炼工艺可自主实现；缺乏高端工艺	依赖进口；主要进口国在北美、拉丁美洲和中非等国
32		碲锌镉	CT 探测器	可自主实现；缺乏高端工艺	
33		高纯碲化镉	CT 探测器	碲化镉缺乏加工工艺，碲锌镉可自主实现；缺乏高端工艺	依赖进口；主要进口国为发达国家；严重受限

2．基础零部件与元器件

基础零部件与元器件是医疗装备和耗材不可或缺的组成部分。医疗装备的零部件与元器件产品繁多，按照功能及应用，将零部件主要分为四类，探测器、传感器、机械零部件和电子元器件。本章整理基础零部件与元器件 60 种，其中约 20%的高端零部件存在进口依赖；其他进口零部件的自主创新进程需要 2～5 年，详细信息见表 3-3。

表 3-3　医疗装备产业基础零部件与元器件信息表

序号	类别	名称	所需工艺	国产水平
1	探测器	碲化镉平板探测器	衬底加工、外延加工、探测器芯片加工、杜瓦零部件加工、杜瓦组件制备和探测器耦合、双层加工、稀土陶瓷烧结工艺	依赖进口
2		硅平板探测器	离子注入、二氧化硅生长、TMAH湿法腐蚀、溅射金属、稀土陶瓷烧结工艺	
3		碲锌镉平板探测器	射频磁控溅射沉积、衬底加工、光刻和等离子体刻蚀、电子束蒸发加工、稀土陶瓷烧结工艺	
4		PMT	真空、杜瓦零部件加工	
5		闪烁体	硫氧化钆闪烁陶瓷制备	
6		有源光纤	拉丝工艺、涂覆工艺	虽然高端产品依赖进口，但国产可满足大部分需求

续表

序号	类别	名称	所需工艺	国产水平
7	探测器	探测器信号屏蔽	信号屏蔽加工、信号稳定性加工、半导体加工	高端依赖进口、低端可自主创新但质量差，自主创新需要3～5年
8		杜瓦、冷屏	机械精加工，多层绝热，夹层真空处理	
9		超导线圈	线圈绕制工艺，真空环氧浸渍	
10		制冷机及导冷头	机械精加工，转轴密封，转子型线加工，精密热弯	
11		能量积分探测器	衬底加工、外延加工、探测器芯片加工、稀土陶瓷烧结工艺	高端依赖进口、低端可自主创新但质量差，自主创新需要5年或更久
12		固阳球管	机械加工、去油加工、除气加工、装配和组装	
13		旋阳球管	机械加工、去油加工、除气加工、装配组装、滚动轴承加工	
14		阳极靶	钨铼合金生产制备工艺、组装和装配	
15		球管外壳	稀土陶瓷烧结工艺	
16		SiPM/SPAD	半导体加工	
17		激光晶体	高熔点生长、等光程损伤修复、全频谱加工、高效低损伤加工集成	高端依赖进口、低端可自主创新但质量差
18		合束器	热处理加工	
19		泵浦源	金丝键合	
20	传感器	检测传感器	半导体加工	高端依赖进口、国产化率低
21		电磁定位传感器	线圈绕组加工工艺、高精度磁场解算与抗干扰工艺	逐渐形成自主创新趋势
22		光学定位传感器	成像元件精加工工艺、标志物反射涂层制备工艺	
23		角度传感器	灵敏加工、精确加工、半导体加工	高端依赖进口、低端可自主创新但质量差，自主创新需要5年
24		位置传感器	精确加工、半导体加工	
25		二向色镜	毛胚成型、粗磨、精磨、抛光、磨边、超声波清洗、镀膜、胶合、封装测试	
26		聚焦透镜	毛胚成型、粗磨、精磨、抛光、磨边、超声波清洗、镀膜、胶合、封装测试	
27	机械零部件	振镜定子	端部加工、定位销加工	中高端依赖进口，缺少核心技术
28		振镜转子	锻造加工、精磨加工	
29		透镜	精磨加工、抛光精加工、高精度加工	

续表

序号	类别	名称	所需工艺	国产水平
30	机械零部件	床	抗形变、刚性加工	高端依赖进口、低端可自主创新但质量差，自主创新需2～3年
31		轴承（床）	边缘精加工、锻造加工、热处理加工、磨加工	
32		机架	刚性加工、精加工	
33		旋转电机（机架）	冲制加工、压装加工、锻、铸、焊、金属加工和装配	高端依赖进口、低端可自主创新但质量差，自主创新需3～5年
34		散热（风扇）	钨铼合金生产制备工艺、组装和装配	
35		高压油箱	清洗、烘干、检漏、注油加工	
36		轴承（机架）	边缘精加工、锻造加工、热处理加工、磨加工	
37		滚筒（机架）	退火加工、焊接加工、校圆加工	
38		滑环	导电杆加工、电刷丝加工、精密装配	
39		梯度线圈	机械精加工工艺，绝缘工艺	
40		射频线圈	机械精加工工艺，热塑工艺，柔性PCB加工工艺	
41		注射泵	轴承制作精加工、锻造加工、精密装配	
42		鞘流器	玻璃管配料选择、熔融加工、退火定型、打磨抛光、光胶键合、封装测试	
43		喷嘴	材料选择、打磨划线、精密小孔加工、毛刺去除、液流测试	
44		医用机械臂控制系统	传感器生产制备、控制板卡组装装配	依赖进口，现有自主创新产品性能、可靠性、精度等方面与进口产品差距明显，自主创新需要数年
45		医用机械臂伺服电机	铁芯加工、绕组制造加工、转子制造加工、定子制造加工	
46		医用机械臂精密减速机	齿轮毛胚加工、齿形及齿端精加工、齿轮热处理工艺	
47	电子元器件	FBGA芯片	半导体设计/加工	依赖进口
48		激光芯片	外延生长加工、光栅制作、条形刻蚀加工、断面镀膜加工、划片裂片加工	
49		信号线缆	护套、特种、补偿、变频加工	高端依赖进口、低端可自主创新但质量差，自主创新需要2～3年
50		绝缘端子	压接加工	

续表

序号	类别	名称	所需工艺	国产水平
51	电子元器件	无磁电容	无磁电导体加工	高端依赖进口、低端可自主创新但质量差，自主创新需要3～5年
52		ASIC芯片	半导体加工	
53		大功率晶体管		
54		FPGA		
55		A/D转换芯片		
56		光电二极管		
57		发光二极管		
58		数据采集传输模块		
59		高频逆变器	电子器件加工	
60		高速采集卡	芯片加工、精密装配、封装测试	

3. 基础软件

医疗装备基础软件是对医疗活动中产生和采集的数据进行处理，为疾病诊治、医疗服务管理、医院管理提供数据支撑和决策的信息化产品。其底层数据库和操作系统涉及部分工业软件。目前，医疗装备行业基础软件的标准制定权完全由国外厂商所掌控，我国虽有众多医疗装备的软件供应商，但尚不掌握行业的话语权。

4. 产业基础

医疗装备及耗材的产业技术基础涵盖面广，融合了数学、物理、电子、机械、材料科学与工程、计算机科学与技术、软件工程、医学工程、控制工程和工业工程等相关学科的理论原理，强调设计器件、工艺、电路设计、测试和可靠性等多方面的基础能力，具备鲜明的工程特点。我国自主医疗装备产业虽然发展较晚，但发展速度较快。目前，具备部分基础材料加工工艺和基础零部件生产能力，可以实现自主生产医疗装备产业中低端设备。近年来，医疗器械国产化及自主创新是国家政策重点鼓励的方向，自主创新在医疗器械领域进一步加速，部分耗材品种技术较为成熟，进口替代也较为完全，根据 Roland Berger、财信证券研究发展中心数据，心血管的冠脉支架国产化率达到 75%，骨科创伤耗材国产化率达到 68%，监护仪国产化率达到 75%，低值耗材国产化率达到 95%，已基本实现自主创新，但高端医疗装备方面，如医疗影像、手术机器人等设备的整体水平仍与国际先进水平有比较明显的差距。以磁共振成像设备为例，目前国产化率不足 30%。

政策环境。目前，国家明确了医疗装备产业发展目标，并出台一系列指导意见与配套政策。其中，《“健康中国”2030 规划纲要》提出发展自主创新医疗器械行业。2019 年，国务院办公厅发布《治理高值医用耗材改革方案》等一系列政策，从鼓励国产到采购国产，为医疗装备供应商提供了良好的发展机遇。2021 年 12 月，工业和信息化部、国家卫生健康委、国家发展改革委等十部门联合印发《“十四五”医疗装备产业发展规划》，是医疗装备产业的首个国家层面发展规划，明确了我国医疗装备的发展目标。2023 年，国务院发布《医疗装备产业高质量发展行动计划（2023—2025 年）》，明确提出提高医药工业和医疗装备产业韧性和现代化水平，加快补齐我国高端医疗装备短板的目标。

专业人才与技术创新。目前我国科研成果转化率偏低，高端人才稀缺。高端医疗装备的研发涉及医工的深度有效结合、跨学科人才的融合，研发投入高、难度大、周期长；因此，拥有优质科研团队与丰富临床医疗资源的高校与企业共同研发是我国医疗器械创新的主要模式。目前，虽然我国的专利转移转化总体成效稳中有升，但仍存在科研单位、高校发明专利产业化率低的结构性短板。国家知识产权局发布的数据显示，2021 年、2022 年我国科研单位和高校发明专利产业化率仅为 3.0%和 3.9%，其最主要的原因是专利不能满足市场化需要，存在明显的产研脱节。同时，人才短缺是阻碍技术创新的主要因素。目前，我国医疗装备产业相关的医学、工学、理学等各个细分方向均已初具规模，但由于高端医疗器械自主研发起步较晚、国内医学技术学科仍处在建设初期，连接医疗装备产业上下游的医学工程技术人才稀缺。

二、竞争趋势和主要动向

1. 竞争趋势

新冠疫情对全球的医疗卫生体系造成了巨大的挑战，各国医疗装备产业的短板在疫情中纷纷暴露。欧美各国已经采取措施，以解决产业链供应链不足的问题，同时限制对我国的医疗装备核心零部件、高端芯片出口，以保持欧美国家在全球医疗装备产业中的领先地位。在国际对华技术限制和我国对医疗装备产业大力扶持的双重加持下，我国医疗装备市场正在经历高速发展的黄金期，医疗装备产业正朝着国产化、高端化、品牌化、国际化、智能化方向发展。目前，全球范围内医学影像设备行业已经进入技术成熟的平台期，医学影像行业的前沿创新突破速度变缓，更多的是针对临床需求的产品性能优化，这是我国难得的技术攻关窗口期。

目前，我国的医疗装备产业在国家早期战略布局引导及相关产业政策的支持下发展迅速。虽然我国高端医疗装备与国际领先水平在核心零部件的研发上仍有一定差距，但国内厂商越来越重视核心零部件的自主研发，产品核心技术及零部件逐步攻克，随着影像产业链上游供应端自主创新程度的提升，国内产业链逐步趋于成熟，国产设备品质认可度已从中低端逐步向中高端提升。国内部分高端医疗影像装备生产商已接近全球市场第一梯队；CT、PET/CT、超声等高端医疗装备核心部件的自主研发也获得了国家的大力支持。近年来，国家出台了新修订的《医疗器械监督管理条例》《政府采购进口产品管理办法》《产业结构调整指导目录（2024 年本）》等系列政策，积极鼓励医疗器械创新发展，促进医疗设备的品牌化和国产化发展，提高国产产品市场占有率，加快推进医疗器械产品进口替代，对国产医疗器械行业的发展起到了极大的推进作用。医疗装备市场的高速增长，在吸引投资者的同时，也使得企业间的竞争加剧，加速了企业的技术创新。

医用耗材方面。随着我国鼓励自主创新和加速创新型医疗器械审批等政策的不断落实，产业协同效应和行业研发人才聚集，国内外周介入器械、种植体等高值医疗耗材的技术水平和产品质量均已达到国际先进水平，在某些关键产品性能上甚至已领先于进口品牌，实现了原研突破性创新。低值耗材，如医用敷料，我国和欧美发达国家的生产各有所长，既存在竞争，也存在合作。国家对医疗质量和医疗安全水平要求的提升将促进敷料产业向高端产品转型和技术创新，有望实现进口替代。医用放射性同位素由于行业资格、原材料、技术等多方面的限制，短时间内难以打破国外垄断，预计将成为国内企业未来攻关重点之一。

新兴技术方面。美国曾在手术机器人的研发与应用方面处于领先地位，如今中国紧随其后。跨行业巨头如阿里、腾讯等陆续进军医疗领域，着力发展智慧医疗，推进人工智能技术在医学影像、药物挖掘、病例分析、临床决策支持、健康管理、病理学等众多场景的应用。

2. 主要动向

1）总体动向包括：医疗装备的智能化、数字化、精准化与集成化

智能化、数字化、精准化与集成化主要体现在人工智能与机器人辅助在医疗装备产业中的应用，也是全新的发展方向和竞争赛道。目前，人工智能具有较强的影像分析、计算能力，在医学影像诊断中发挥越来越大的作用；人工智能还加速了手术机器人的精准化、微创化、智能化发展，不仅可以提高机器人手术精度，还可以实现自动手术规划导航。长远上看，人工智能在临床上将有广泛的应用，

各国也积极布局，以争取未来的领先地位。美国机器学习与人工智能分委会（MLAI）发布的《白宫为人工智能的未来做好准备的报告》和网络与信息技术研究发展分委员会（NITRD）发布的《美国国家人工智能研究和发展战略计划》中，提出加速人工智能在医疗领域的发展，对医疗大数据进行分析挖掘，利用人工智能系统自动执行决策和进行医学诊断。英国在《英国发展人工智能》和《人工智能：未来决策的机遇与战略意义》两份报告中，强调发展人工智能相关的辅助诊断、图像诊断和流行病的早期预防控制与发病率追踪。《法国人工智能战略》将医疗健康作为优先发展人工智能的领域之一，并决定在国家健康数据研究所的基础上，成立包括医保、临床和科研数据为一体的"卫生健康数据中心"。我国早在 2017 年发布的《新一代人工智能发展规划》中，将智能医疗列入面向 2030 年国家新一代人工智能发展的重点任务之一。科技部等六部委在 2022 年发布的《关于加快场景创新以人工智能高水平应用促进经济高质量发展的指导意见》中，明确了我国人工智能在医疗领域的攻关方向。

2）我国人工智能辅助医疗的发展状况

我国目前人工智能辅助医疗领域正迈向更高效、精准和数字化的未来，这一进程不仅包括辅助诊断和治疗、药物研发，还扩展到了医疗机器人、智能医疗设备等多个领域，旨在提升医疗服务的质量和效率。2022 年 4 月，国家卫生健康委发布《国家限制类技术目录（2022 年版）》将"人工智能辅助诊断技术"从限制类技术目录中删除。医学影像识别技术、病理诊断和报告系统等技术有望突破限制，获得更加广泛的应用。而人工智能辅助治疗技术（专指应用机器人手术系统辅助实施手术的技术）仍然受到限制性技术目录的约束。

人工智能驱动的医学影像应用可以快速、低成本地对超声、CT、MR 等影像进行精准诊断，助力肿瘤、心脑血管疾病和慢性疾病的辅助筛查、辅助评估和辅助诊断。截至 2023 年 12 月 1 日，国内已有 122 款智能软件获得市场准入，2023 年前 11 个月国家药监局公布的审评审批总数为 48 个，超越了 2022 年的 32 个。2023 年获批的人工智能辅助医疗的三类医疗器械注册证仍以辅助诊断类AI为主，此外，各类智能手术机器人规划导航类应用相继获批，医疗AI的主要场景也由“辅助诊断”逐渐变为“辅助诊断与辅助治疗并行”。

病理诊断是大部分疾病尤其是癌症诊断的“金标准”，但相比于检验科、影像科的诊断，病理科诊断流程复杂、自动化程度低、诊断时间长。以人工智能技术为核心的智慧病理可以有效提升诊断效率和质量，提升病理行业数字化水平。国内智慧病理仍处于初级阶段，大部分获批产品为二类证，2023年3月国内首张宫颈细胞学病理领域的AI三类医疗器械注册证获批。

高投资、高风险和长周期的特点使得新药研发成本不断攀升。提高药物研发的成功率、缩短研发周期、加快临床试验流程和降低研发成本，是目前医疗健康企业关注的焦点。当前中国智能药品研发行业正处于快速成长期，利用人工智能技术革新传统药物研发流程，并在逐步解决现存问题的过程中，展现出巨大的发展潜力和广阔的应用前景。中商产业研究院发布的《2017—2027全球及中国智能药品研发行业深度研究报告》显示，2023年中国智能药品研发市场规模达到3.61亿元，近五年年均复合增长率达46.67%。

在医疗器械行业中，融合人工智能技术提升设备的高端化、数字化和精确性，已经成为行业发展的新趋势。人工智能+诊疗器械、人工智能+医疗机器人等产品成为当前热门细分领域。在我国医疗机器人整机生产企业中，以康复和辅助机器人为主的企业数量占有较大比例，均超过30%。国内已有10余家康复机器人企业完成一轮或多轮融资，整个赛道国内有20～30家企业，竞争激烈，且产品同质化问题较为突出。此外，我国医疗机器人行业也表现出地域集中的特点，以北京、深圳、上海为主的几个城市汇集了我国医疗机器人领域近半数的优秀企业。

三、年度热点事件

1. 医学影像设备企业继续布局高端产品

高端医疗影像产品集中发布。2022 年 6 月，西门子 7T 磁共振系统 MAGNETOM Terra 成为全球首款同时具备 NMPA、FDA 及 CE 许可的 7T 磁共振系统。

2022 年 8 月，由联影医疗自主研发的全球首款 5T 人体全身磁共振系统 uMR Jupiter 5T（简称 5T）正式获得 NMPA 注册证，首次将超高场强磁共振成像延展至腹部、心血管、四肢关节等部位。

2022 年 10 月，第 35 届欧洲核医学协会年会（EANM2022）上，GE 医疗推出全新的全数字 Omni 平台下的第一款 PET/CT：Omni Legend。

2023 年 5 月，东软医疗在 CMEF 上推出的 NeuViz Glory+耀世系列 CT，实现了全球量产 CT 的最高转速，成为全球首台 0.235s 的全身螺旋 CT。

2023 年 5 月 CMEF 上联影医疗发布新一代 640 层超高端 uCT 968-ATLAS CT，搭载 AIIR*双精度图像感知技术、一站式 CTA+CTP 多模态成像技术，实现深度学习与人工智能技术的全方位融合。

便携式磁共振系统发布。2023 年 10 月，Hyperfine 推出了以人工智能为基础的 Swoop®新系统软件，获得了 FDA 的批准。Hyperfine Swoop®是目前唯一的便携式、床旁 MRI。

2023 年 3 月，佛山瑞加图医疗科技有限公司生产的、具有自主知识产权的“移动式头颈磁共振成像系统”获批，可对不便移动的患者进行床旁不同体位姿势的磁共振检查。

2. 高端医疗器械设备技术突破创新

人工智能辅助的新成像技术发布。西门子推出的 AI-Rad Companion Brain MR、Whole-Body Dot Engine 和 Deep Resolve 等创新技术，可实现自动分割脑结构，量化病变负荷，自动规划全身扫描序列，缩短检查时间，同时结合深度学习，提高图像分辨率，减少伪影。这些技术的应用有助于提高脑部 MRI 分析效率、优化图像质量和简化全身扫描工作流程。

联影医疗发布了系列创新技术，包括 uAiFIRE、uCS-MRI、uExceed、uMotion、uQuiet、uHyper T1、uPM Cardiac 等。基于深度学习和压缩感知，可高效获取高质量图像，同时智能优化扫描参数，减少运动伪影，实现降噪、扩展对比度。

杜克大学研发的 MRI 新技术，比临床 MRI 分辨率提高了 64 万倍。研究人员利用 9.4T 强磁铁、特殊的梯度线圈（比临床 MRI 中的线圈强 100 倍）和高性能计算机，实现了新图像的单个体素仅 5 微米。

9.4T 超高场人体磁共振成像超导磁体研制成功。中国科学院院士、中国科学院电工研究所研究员王秋良教授团队成功研制出 9.4T 超高场人体全身磁共振成像超导磁体。这项成果达到国际领先水平，打破了国外对该技术的垄断，使我国成为首个掌握这项核心技术的亚洲国家。

我国在手术机器人核心部件上实现技术突破。2023 年 9 月，艾瑞迈迪医疗科技有限公司发布了自主研制的光学定位核心部件，基于双目近红外光的精准定位追踪技术与多通道高性能计算能力，实现精度 0.1 毫米，数据刷新率 120 帧的多场景复杂环境的高精度定位，打破了加拿大 NDI 公司在该领域的技术垄断，有望推进手术机器人行业的国产化技术升级迭代，降低硬件成本。

3. 医疗器械市场活跃度下降

国际市场方面，2023 年医疗器械领域融资的热点集中在手术机器人与脑机接口方向。其中，脑机接口系统开发商 Neuralink 在 D 轮融资 2.8 亿美金。内镜手术机器人领域的 Noah Medical、外科手术机器人研发商 CMR Surgical 和 Distalmotion 分别融资 1.5 亿美元、1.65 亿美元和 1.5 亿美元。

国内市场方面，根据前瞻产业研究院公布数据，2022 年我国医疗器械市场规模为 9830 亿元人民币，同比增长 10.35%。尽管市场规模稳步增长，但在投融资方面，受到全球医疗健康投融资行业的第五次震荡期影响，我国医疗器械行业市场活跃度有所下降。根据前瞻产业研究院、万德经济数据库资料和 MDCloud（医械数据云）统计，2023 年不含 IPO、并购及股权融资的医疗器械行业融资次数为 374 次，同比下降 41.38%，已公开的融资金额为 187.16 亿元，同比下降 30.4%。从融资领域看，虽然心血管、机器人、影像仍是主导，但新材料、新技术等方面的融资占比在增加，显示了投资者对技术变革性突破的关注度在提高。

4. 美国医疗数据严重泄露，应当引以为戒，保护我国医疗数据安全

2022 年 6 月，美国得克萨斯州圣安东尼奥的 Baptist Medical Center 和新布朗费尔斯的 Resolute Health Hospital 发生了重大数据泄露事件，受影响的人数约 124 万。

2022 年 6 月，总部位于美国马萨诸塞州昆西的希尔兹医疗集团（Shields Health Care Group）发生数据泄露，波及数十个地区医疗机构约 200 万人，包括姓名、社保号码和保险信息等。

四、重点企业分析

按照我国医疗器械行业研究及临床应用场景的分类标准和方法，医疗装备与耗材类产品分为六大类：医疗影像设备、医疗检验设备、医学监测设备、手术机器人、高值耗材和医院信息化设备。在这六大类的国际医疗装备市场上，存在着明显的巨头企业垄断现象，如西门子医疗、美敦力、通用电气医疗、飞利浦医疗、雅培、BD、丹纳赫等集团。这些企业发展较早，已经具有产品线广泛、技术积累雄厚、资本实力卓越等优势，且在各自的领域达到了几近垄断地位。以医疗影像设备为例，通用电气医疗（GE Healthcare）、飞利浦医疗（Philips Healthcare）和西门子医疗（Simens Healthcare）三家公司（业内通称“GPS”）的产品在 CT、磁共振、超声、PET 和放疗等领域均处于主导地位。本章重点对医疗影像和手术机器人行业的龙头企业进行分析。

1. 医疗影像

医疗影像设备主要是指以实现诊断或治疗引导为目的，通过对人体施加包括可见光、X 射线、超声、强磁场等各种物理信号，记录人体反馈的信号强度分布，形成图像并使医生可从中判读人体结构、病变信息的技术手段的设备。主要产品包括 X 光成像类、计算机断层扫描（CT）、磁共振成像（MRI）和核医学类、超声类和内窥镜类设备。

行业龙头公司。GPS 的产品在 CT、磁共振、超声、PET 和放疗等领域均处于主导地位。根据招商银行研究院公布的数据，2022 年全球医学影像设备市场中 GPS 三巨头合计占市场份额超过 65%。我国的市场份额中，2022 年 GPS 占有率仍然居前：CT 类 78.87%、磁共振 78.85%、超声影像 65.77%、血管造影机 DSA93.07%、X 射线 49.56%。在 2023 年，尽管 CT 类产品占比下降，但仍然达到 59.4%。

龙头公司的发展与业务布局。19 世纪末，维尔纳·冯·西门子受伦琴的启发，创造出第一台 X 光机，在随后的 100 多年里，西门子医疗以自研技术为主，先后研发出一系列全球首创的医疗器械，包括实时超声波诊断设备、CT、MRI、PET/CT、双源 CT、PET/MR 等。雄厚的研究实力让西门子医疗可以持续高筑技术壁垒，布局高端产品。2021 年 9 月，西门子医疗的光子计数 CT NAEOTOM Alpha 获得 FDA 510（k）许可，继续引领高端 CT 导向。2022 年 6 月，西门子 7T 磁共振系统 MAGNETOM Terra 成为全球首款同时具备 NMPA、FDA 及 CE 认证的 7T 磁共振系统，也开启了磁共振超高场临床时代。西门子医疗在布局高端产品保持业内垄断地位的同时，还通过并购，进一步拓展业务板块。2021 年，西门子医疗以 162 亿美元收购美国放疗行业巨头瓦里安（Varian Medical Systems），进一步扩展肿瘤治疗业务。

财务分析。西门子医疗近几年的营收增速较高，其中影像相关收入占比较大，根据公司 2022 年度财报分析，西门子医疗影像业务营收 109.81 亿欧元，同比增长 11.8%。从收入的业务拆分看，2021 年收购的瓦里安贡献收入为 30.75 亿欧元，占比 14%，放疗业务成为重要的增长点之一。从收入的地区拆分看，中国区总收入为 25.77 亿欧元，同比增长 9.5%。

主要产品。西门子医疗的 3T MR 系列是其主打产品，具有成像速度快，图像质量高，可以进行全身各部位高质量扫描等技术优势，且凭借自研的生命矩阵系统，可以根据病人的呼吸情况，实时控制磁共振信号采集，实现全息仿真磁共振成像。根据医招采数据，2022 年中国 MR 设备招标中标额，西门子医疗以 30.54%排名第一，主要依靠其 3.0T MR 系列产品（见表 3-4，数据来源：医招采）。

表 3-4　2022 年中国 MR 设备市场格局

排名	品牌	中标额占比	中标数量占比	中标额占比/中标数量占比系数
1	西门子医疗	30.54%	25.2%	1.21
2	GE 医疗	28.19%	29.8%	0.95
3	联影医疗	24.52%	25.8%	0.95
4	飞利浦医疗	13.77%	13.1%	1.05
5	东软医疗	1.1%	2.5%	0.44

国内主要公司：国产设备目前只有联影医疗、东软医疗、迈瑞医疗在磁共振、超声影像领域占有一定市场。其中，联影医疗在 MR、CT、PET-CT 领域实现较大突破，根据医招采数据，2022 年其在国内市场份额分别达到 24.52%、19.95%、28.48%，均位列细分领域前三，也是国内唯一拥有 3.0T MR 的厂商，其 3.0T 产品占国内市场份额的 19.76%。同时，联影医疗的海外业务也在快速增长，自 2018 年联影医疗开启海外市场以来，到 2022 年，全球市占率从 0.6%升至 2.35%（见表 3-5，数据来源：各企业年报）。

表 3-5　2018—2022 年国际国内龙头影像设备厂商收入及市场份额变化

单位：亿元人民币

公司	相关收入 2018	全球市场份额	相关收入 2022	全球市场份额	收入 CAGR	全球市场份额变化
西门子医疗	752.53	22.16%	1131.13	28.75%	13.48%	+ 6.59%
联影医疗	20.35	0.6%	92.38	2.35%	45.97%	+ 1.75%

目前，国产厂商虽然与国际龙头仍有差距，但增速较快，发展前景较好。根据 Frost & Sullivan 统计预测，到 2026 年，中国医疗影像设备市场规模将增长至 1486 亿元人民币，市场潜力巨大。国务院 2024 年 3 月 13 日发布的《推动大规模设备更新和消费品以旧换新行动方案》中，明确提出了推进医疗卫生机构装备和信息化设施迭代升级，鼓励具备条件的医疗机构加快医学影像、放射治疗、远程诊疗、手术机器人等医疗装备更新改造，有望刺激市场需求，进一步加速国产厂商提升产品技术，推进自主创新的进程。

2. 手术机器人

手术机器人是一种结合了先进的成像技术和机器人技术的医疗设备，通过智能影像指引、亚毫米级定位导航、机械臂协同操作等智能化技术，实现手术过程中的三维成像、增强现实术中空间引导、术中病灶组织精准定位、机械臂高精度操控等功能，使外科手术过程更微创、更精准、更智能。其主要产品包括关节手术机器人、脊柱手术机器人、神经外科手术机器人及腹腔镜手术机器人等。

行业龙头公司。手术机器人技术发展较早，最先起源于欧美。知名的公司有美国史赛克公司、美国直觉外科公司与德国博医来公司等。美国史赛克公司的核心产品 Mako 手术机器人在全髋关节置换术、全膝关节置换术及单髁关节置换术导航领域领先，截至 2020 年，总计完成手术超过 350,000 台，2022 年全球装机量已超过 1300 台。德国博医来的核心产品包括 Loop-X 移动成像机器人、Kick 光学跟踪导航和 Curve 图像引导手术平台，可提高神经外科手术等复杂手术的效率及操作便利性，服务全球 5000 多家医院。直觉外科美国 1998 年研发出全球首台腔镜手术机器人——达芬奇，现已经迭代至第四代达芬奇 X 系列。截至 2020 年年末，全球累计投放的达芬奇手术机器人达到 6000 台，累计实施超过 850 万台手术。本章以美国史赛克公司为分析对象。

龙头公司相关产品与财务情况。美国史赛克公司是全球知名的医疗器械龙头企业，2023 年实现总营收 204.98 亿美元，同比增长 11.1%，实现净利润 31.65 亿美元，同比增长 34.22%。美国史赛克公司自从 2013 年收购 Mako 手术机器人公司后，便以 Mako 关节机器人为核心产品进入手术机器人市场。目前 Mako 手术机器人临床手术数量超过 50 万例，显示出其在临床的广泛应用与高接受度。

国内主要公司。我国的手术机器人虽然起步晚，但是发展迅速，已经接近国际先进水平。其中代表性企业有上海微创医疗机器人有限公司（以下简称微创医疗）、北京天智航医疗科技股份有限公司（以下简称天智航）与艾瑞迈迪医疗科技有限公司（以下简称艾瑞迈迪）等。微创医疗产品覆盖腔镜、骨科、泛血管、经自然腔道和经皮穿刺手术五大专科，2022 年，微创医疗已经有两款手术机器人获批上市，分别为图迈腔镜手术机器人和鸿鹄骨科手术机器人。天智航是中国骨科手术机器人行业的领军企业，2016 年发布初代天玑骨科手术机器人系统，并于 2021 年，升级为新一代“天玑 2.0”骨科手术机器人，产品序列呈增长态势。艾瑞迈迪专注研发手术机器人核心定位部件与增强现实精准导航智能产品，已成功研发光、磁跟踪定位核心部件，打破了进口产品在该领域的垄断，且颅底导航设备与腹腔穿刺机器人已获批上市。

五、存在的问题与措施建议

1. 存在的问题

医疗装备产业链的整体布局有待设计与建立。高端核心部件及整机的研发投入成本高、研发周期长、是典型的持续投入持续进化的行业。以医疗影像装备为例，西门子、GE、飞利浦每年研发投入均达数十亿美元。目前国内相关生产企业，特别是核心部件生产企业还面临规模小、资金投入不足且分散、人才短缺及经验不足、受制于国外企业专利保护和核心技术壁垒等一系列问题。作为上游的科研机构，研究课题与实际产业需求之间存在较大偏差。中游的核心部件生产企业面临市场推广难、人才短缺、研发创新不足等一系列问题。下游的医疗机构更愿意采用性能稳定的进口产品，加剧了上游研究机构缺乏信息反馈的问题。

现有医疗装备生产技术的难点需要突破。人才是产业发展的第一基础。医疗装备产业链条长、覆盖面积广，涉及理学、工学、医学等众多学科，医疗装备的人才队伍既要有专业知识，具备创新能力，也要懂得临床实际需求，了解行业痛点。我国医工融合、交叉学科建设刚刚起步，以培养医疗装备产业人才为使命的医学技术学科仍处在发展初期，导致高端医学技术人才数量不足，尤其是高端创新人才严重短缺。同时，高校、研究所的工作存在着与临床需求脱节的现象，导致科研课题与实际问题之间存在偏差。医学研究成果的概念验证中心稀缺，难以在成果转化初期进行有效的引导和扶持。

我国医疗装备行业深度研究不足。笔者在准备过程中，查阅了大量医疗装备的行业研报，发现覆盖医疗装备全产业链的深度行业研究报告极度匮乏，无法全面梳理我国医疗装备的行业现状。

中医精准诊疗仪器研发严重滞后。中医是我国最具原创性、国家重点支持发展的一个重要领域。但是目前尚无集无创信息采集、动态实时量质分析、人工智能于一体，具有鲜明中医特色的高端诊疗设备，这制约了中医的传承、创新和国际化。

2. 措施建议

我国医疗装备产业与国际领先水平仍有差距，存在着高端技术人才短缺、核心技术欠缺、医疗装备行业深度研究极度匮乏等问题。建议首先在政策层面上，发挥政府行政优势，优化医疗装备产业生态，推动产业链贯通，针对核心问题，精准投入。其次，在技术层面上，推进医工融合的交叉学科发展，完善未来引领国际的技术基础。在人才培养上，要切实推进医学技术学科建设，着力培养既有专业知识、具备创新能力，又熟知下游应用端需求及行业不足的医学工程技术的高端人才。最后，利用现有优势，大力发展人工智能，发挥国家在医学方面的未来引领作用。

充分发挥政府引导作用，加强国家智库研究。对我国医疗装备行业进行全面的、持续的分析研究，明确卡点与短板，实现精准投入。充分发挥我国已有的工业优势，优化产业生态，推动产业链贯通，提升产业链供应链能力；借助国内大循环、国内国际双循环的互相促进，推进医疗装备产业基础国际化，提升我国医疗装备产品的国际影响力；完善医疗装备产业化标准体系建设。鼓励研究院所、高校、临床机构和创新型中小型企业联合攻关，依托我国庞大的医疗机构体系，加速成果的市场化进程，促进产品迭代。

做好顶层设计，加强医学技术学科建设，推进医工融合。推进新医学+新工科的融合建设，坚持创新发展，为国产高端医疗设备的创新发展提供全方位支撑。依托顶尖医学、工学的机构，如北京大学-北京理工大学医学技术研究发展中心等医工融合中心，设立国家级医疗器械核心部件工程技术研究中心，充分发挥和调动国内科研力量和资源，结合材料、电子、航天航空、医疗设备等行业对核心材料与技术进行联合攻关；加大对医学技术、医工融合建设的投入，建立国家医学工程技术人才培养基地，做好未来行业发展的人才储备。

加强人工智能临床应用的研究与投入。推进人工智能的临床应用，设立国家标准，鼓励 AI 辅助诊断的临床试验，开发人工智能辅助的远程医疗决策系统。利用人工智能、光学成像等最前沿的现代科技手段，与中医的传统诊疗手段相结合，通过医工交叉，研发出具有中医特色的诊疗装备，填补我国高端中医诊疗装备的空白，建立中医精准诊疗的新标准，促进中医现代化发展。同时推行医院信息化管理系统的国产化替代，加强医疗数据信息安全管理，确保医疗卫生数据全生命周期安全。

编写单位：北京大学、深圳湾实验室、北京理工大学、清华大学、北京大学第三医院、北京工业大学、北京大学人民医院、北京航空航天大学

编写人员：韩鸿宾、徐萌、牛田野、杨健、谢肇恒、罗建文、卢剑、卓力、张韬、孙江涛

审稿人：梁波

第四篇

地方篇——上海市

第十五章

发展概况

上海市将提高产业基础能力作为主攻方向，聚焦基础零部件与元器件、基础原材料、基础工艺及制造装备、基础工业软件和产业技术基础“五基”领域，针对部分国家急需、长期制约工业发展的关键核心技术和环节进行了重点突破，使企业创新活力和能力大幅提升，实现了部分“卡脖子”关键技术和环节的自主可控，技术水平达到国际先进水平。

一、基础产品和技术国内优势明显

自2016年启动工业强基工程以来，上海市坚持问题导向、创新引领、重点突破、整机牵引的原则，聚焦基础零部件与元器件、关键基础材料、工业基础软件、先进基础工艺及制造装备、产业技术基础等五大领域，开展专项行动，突破一批关键核心技术。“五基”能力稳步提升，“五基”规模持续增长，企业自主创新能力显著增强，部分产业链关键环节实现自主可控，部分产品实现同等水平的国外进口替代。尽管面临中美贸易摩擦、世界经济低速增长和疫情等挑战，上海市仍以改革、开放、创新为动力，推动基础产品和技术的核心竞争力提升，在产业基础规模和结构上实现稳步发展和优化升级。

1. 基础零部件与元器件

基础零部件与元器件是组成工业制成品的不可拆分或通常不予拆分的基本结构或功能单元，可细分为机械基础零部件、电子元器件、仪器仪表元器件、领域及行业基础零部件，这对于主机装备的精度、性能、寿命和可靠性至关重要。

近年来，上海市通过工业强基工程大力支持基础零部件与元器件产业的发展，其规模持续增长。特别是泵、阀门、压缩机等机械制造领域，保持稳中向好的发展态势；在汽车、民用飞机、核电等领域，取得了一系列突破；在人工智能芯片领域，天数智芯、燧原科技等企业相继取得重大进展，为上海市智能制造赋能。作为制造业发展战略支点，上海市在电力电子元器件制造领域具有较强的产业基础和技术实力，多年保持了平稳增长的态势。随着新能源、智能电网等领域的快速发展，电力电子元器件的需求不断增加，上海市为应对国内外市场需求，加大产业投入，不断推动重大项目落地。

2019年，中芯南方集成电路制造有限公司（以下简称中芯南方，是中芯国际的子公司）第一代14纳米Fin-FET工艺提前一年实现量产，该产线是我国首条14纳米生产线，也是目前中芯国际最先进的生产基地。中芯南方计划总投资102.4亿美元，在中芯国际上海市厂区保留的地块上，建设两条月产能均为3.5万片芯片的集成电路生产线（即SN1和SN2），生产技术水平以12英寸14纳米为主，产品主要面向下一代移动通信和智能终端。该项目达产后，中芯南方厂将建成两条月产能均为3.5万片的集成电路先进生产线。12纳米技术也已开始客户导入，下一代技术的研发也在稳步开展。新生产线将助力未来5G、物联网、车用电子等新兴应用的发展。

光梓信息科技（上海）有限公司针对激光雷达的需求，组织开展硅基固态激光雷达SOC芯片的核心技术攻关，自主研制成功的基于CMOS工艺的高灵敏度系统SOC芯片，突破了大规模探测器阵列、高光电转换效率、高分辨率飞行时间数字化、背景光与噪声消除及系统级 SOC 集成等关键技术，形成自主可控的激光雷达专用集成电路体系，填补了我国车载激光雷达芯片的空白。光梓科技用 CMOS 技术替代对高速半导体硅锗（SiGe）材料的依赖，在光通信和光传感两大细分领域对国际上的垄断对手发起有力冲击。光梓科技所掌握的以 CMOS 硅基制造工艺为基础的高速光电芯片，以及围绕该核心所发展的一系列芯片技术，为我国重要终端设备商在 5G 通信和高速数据中心市场上带来了巨大的技术和经济上的价值。

艾因蒂克检测科技（上海）股份有限公司自主研制的高频压电复合材料和基于此材料的高频二维面阵列超声传感器，结合电子聚集扫查技术，实现了焊点的无损检测，可满足针对汽车智能制造等领域无损检测的迫切需求。该产品提升了超声传感器的频带宽度及灵敏度等技术指标，为检测精度的大幅提高奠定了较好的基础，可实现制造质量的数据分析，实时反馈质量情况，实现智能制造的闭环。艾因蒂克检测科技（上海）股份有限公司作为一家具有科技创新基因的“国家高新技术企业”“科技小巨人”“专精特新”企业，致力于无损检测仪器及高端超声阵列探头的研发制造；致力于医疗健康事业，研发高端医用阵列探头和高频内窥探头；致力于高频超声单晶体材料的研究开发，以及耐高温晶体材料的研制。目前，终端产品汽车焊点检测高精度面阵超声传感器已实现量产。

2. 关键基础材料

关键基础材料是指工业制成品自身及其生产过程中所使用的关键和支撑性材料，包括钢铁、有色、石化、建材、轻工、纺织等基础行业的主流材料产品，也包括化工新材料、稀土磁性材料、高端装备用特种合金、功能膜材料、电子信息材料、石墨烯材料等高技术材料。新材料从研发到市场化具有较长周期，由于投入高、风险大、推广难，导致市场主体对材料产品的创新具有一定惰性。材料是生产零部件等产品的基础，材料的刚度、强度、硬度、韧性、稳定性等基本特性直接影响到产品性能，决定产品的使用寿命、附加价值，甚至决定产品的迭代升级。在工业 4.0 中，材料科学是一门交叉的关键技术，通常被称为创新驱动力。当前，在国家对材料创新的高度重视下，结合产学研界多年的经验积累以及中国超大规模市场的经济效益驱动，我国基础材料获得多项突破。关键基础材料产业链的重要支撑，直接决定产品的性能和质量，是支撑上海市现代产业体系稳定发展不可或缺的物质基础。

上海市重视关键基础材料的研发，以前将新材料作为发展的重点，以机制创新为主线，围绕材料数字引擎、膜材料、纤维材料、催化新材料等方向，不断推进技术攻关和产业升级。

近年来，上海市面对国内外集成电路、新能源汽车、智能终端、新型显示、高端医疗等领域关键材料的需求，逐步形成了针对性的系列化布局，包含集成电路工艺材料的掩膜板、光刻胶、CMP 抛光液、电镀液、清洗液，新能源电池材料的动力锂电池正负极材料、隔膜材料、软包复合材料及胶黏剂，燃料电池质子交换膜材料、碳纸，新一代信息技术材料的高端印刷电路板覆铜板、LCP 基材、电子化学品及前沿新材料的高温超导强磁场应用、核聚变应用等。

宝山钢铁股份有限公司研制成功的海洋工程用Q690级高强钢及应用技术，钢板性能指标、生产制造及性能稳定性、工程应用及服役性能均达到国际先进水平，能满足目前近海、深海、远海及极寒冰带区域服役的海洋平台结构和海洋工程装备所需的、服役性能要求最为严苛的 690MPa 级及以上高强和-60℃以下超低温高韧性耐腐蚀海工钢需求，实现了最大厚度 160mm 的 Q690 级高端海工用钢性能突破升级。不仅在提升海洋工程建设安全性、降低成本、延长使用寿命及推动技术创新方面发挥着重要的作用，更促进了海洋工程领域的可持续发展和推动我国高端海工装备制造实现从关键基础材料到重大工程建造的全产业链国产化突破。

上海动力储能电池系统工程技术有限公司通过攻关突破钛酸锂储能电池系统技术，实现了钛酸锂电池系统规模化应用，各项技术指标达到了国际先进水平，解决了钛酸锂电池从材料到系统集成的全产业链工程化问题，保障了我国产业链的安全可控。该技术的突破将有效确保我国即将形成的以特高压电网为骨干的互联大电网安全，并提高系统稳定性，改善区域供电品质和绿色能源电力输出特性，为长寿命锂离子电池储能装置产业化发展、促进新能源的利用奠定技术基础。

3. 工业基础软件

工业基础软件是在工业领域中支持产品全生命周期及企业生产运营管理过程中的各个阶段的基础应用软件，是整个现代工业发展的重要支撑，在企业生产运营过程中起到提供技术支持、保障信息安全、汇集数据资源等关键作用。工业基础软件的研发攻关具有高门槛、高利润等特点，对推动产业基础高级化和产业链现代化、提升全球市场竞争力、保障国家安全具有重要作用，是推进我国工业化进程的重要手段。

当前上海市工业基础软件处于加速发展阶段。在上海市对工业基础软件国产化进程的积极推动下，我国工业软件逐步加强自主研发能力。近年来，上海市工业基础软件企业数量和营收不断提升，企业以航空航天、金融信创、集成电路和轨道等领域的专业软件和通用软件工具为重点，着力解决产业发展中的痛点问题。同时，上海市充分发挥创新中心新型机构特点，推动建设汽车、船舶和化工等行业的工业软件创新中心，致力于攻克关键核心技术，提升国产化水平。通过推进软件产品的应用促创新，上海市力求实现工业基础软件的不断迭代和优化，助力我国工业化进程和智能制造的发展。

PLC 作为工业控制领域的三大支柱之一，是生产线上的“大脑”，更是制造业转型数字化的关键所在。对标西门子、罗克韦尔、施耐德等国外厂商，国产 PLC 在处理速度、编程等方面仍有不足。上海宝信软件股份有限公司为解决工业软件“卡脖子”的问题，研发新一代可支持 7 个处理器并行处理的大型 PLC 产品，该产品实现了多核运行和 1 纳秒以内最快单指令执行时间，最快扫描周期可以运行在 500 微秒以内；在系统级统一设计、分布式协同部署、自组织协同调度等建模语言关键技术上实现了突破，同时支持 CODESYS 进行编程，达到了分布式工业控制的标准。

面向离散制造业场景，上海麦杰科技股份有限公司开发了一款全新的工业级分布式数据库，支持集中式和分布式两种部署方式。该数据库采用国产 openPlant 实时数据库的内核，实现针对百亿级数据在秒级内进行特定计算，并支持基于知识图谱算法和机理模型对工业关键要素进行分析和表征。其安全性之高、性能之强、操作之易为我国工业互联网上下游产业链的稳定性提供了可靠支撑。

4. 先进基础工艺及制造装备

基础工艺及制造装备是包括加工制造工艺、成型制造工艺、增材制造工艺及技术附着的机器人、数控机床等制造装备在内的，在工业生产过程中对原材料、半成品进行加工或处理的通用性强、适用面广的生产工艺及其应用的制造装备，是提升产品质量、生产效率，以及打破国外垄断的重要切入点和突破口，先进高端装备的生产离不开先进基础工艺及制造装备的支撑。

近年来，上海市基础工艺及制造装备领域规模持续增长，特别是在民用航空、航天、船舶海工和核电等关键领域的发展上成效显著。通过产业基础再造工程，上海市正在努力突破一批“卡脖子”工艺及制造装备，其中，工业机器人产业规模、民用船舶与海洋工程装备的综合技术实力均居全国首位。

上海药明奥测医疗科技有限公司开展了新型冠状病毒检测试剂盒工艺的研制，不仅攻克了酶联免疫法和多重荧光 PCR 技术，获得了 CE 证书和 FDA 的紧急授权使用，更打造了全面检测、快速识别的新型冠状病毒检测平台。这对于识别早期感染人员，缩短检测窗口期，完善疫情防控做出了重要贡献。

5. 产业技术基础

产业技术基础是指围绕标准编制修订、认证认可、检测检验、知识产权、信息平台等需求，以检测机构、技术中心、计量中心、研究所等为载体，为社会提供公共服务而建立的一批专业水平高、支撑作用强、布局合理的骨干技术基础服务平台。产业技术基础是保障产业基础领域相关技术的支撑服务体系，是工业与技术协同发展所需的基础设施，在基础零部件与元器件、关键基础材料和先进基础工艺发展的全过程中扮演着重要角色，通过建立健全产业领域综合性检测检验技术机构，统一相关标准制定，积极参与行业标准和产品标准制定，为上海市的机械、航天、航空、轨道交通、汽车、能源装备等制造业领域的提质增效和产业转型升级提供支撑。

上海市积极推进产融对接，推动检验检测业与制造业深度融合，共建了一系列产业技术基础公共服务平台，如城市轨道交通产业技术基础公共服务平台、煤料检测装备安全产业技术基础公共服务平台，为相关产业提供全方位服务。同时，上海市大力实施标准化策略，推进标准化工作，设立技术标准化创新中心，积极参与ISO/IEC标准化委员会/分委技术委员会秘书处等责任与项目，为经济社会高质量发展提供技术支撑和标准化引领。

同济大学与上海机动车检测认证技术研究中心有限公司产学研协同，开展了智能网联汽车高级驾驶辅助系统测试需求、测试方法、测试核心技术攻关，构建了智能网联汽车先进驾驶辅助系统测试标准体系，建成了智能网联汽车高级驾驶辅助系统测试场景数据库、封闭测试场和认证检测平台，同步制定发布上海市地方标准 1 项、参与制定国家标准 4 项。项目成果填补了上海市在智能网联汽车先进驾驶辅助系统试验方法上的空白，为智能网联汽车、智慧交通关键技术及核心零部件的研发和产业化创造条件，为上海市智能网联汽车技术及产业发展提供有力支撑。

二、产业集聚

上海市产业基础与主导产业优势密切相关。《上海市先进制造业发展“十四五”规划》提出，发挥上海市产业基础和资源禀赋优势，以集成电路、生物医药、人工智能三大先导产业为引领，大力发展电子信息、生命健康、汽车、高端装备、先进材料、时尚消费品六大重点产业，构建“3+6”新型产业体系，打造具有国际竞争力的高端产业集群。2023 年，上海市生产总值（GDP）达 4.72 万亿元，同比增长 5%，集成电路、生物医药、人工智能三大先导产业规模达到 1.6 万亿元，占地区生产总值比重达 25%以上，“3+6”新型产业体系不断夯实，产业集聚效应显著，制造业支撑全市经济发展的功能地位显著增强。

上海市集成电路产业引领全国。上海市是中国乃至全球重要的集成电路产业基地之一，是我国集成电路产业链最完整、技术水平最高、综合能力最强的地区。2022 年，上海市集成电路产业销售额超过 3000 亿元，在全国市场占比超过 25%，连续 5 年增速高于全国，集成电路产业基地在产业发展中资源协同作用突出。上海市产业园区张江科学城聚集了 2.2 万家创新型企业，设立有中国最大的半导体集成制造商、全球第三大晶圆代工厂中芯国际。

上海市生物医药发展水平国内领先，创新药、创新医疗器械产业实力强劲。上海市发挥金融中心的优势，为生物医药产业提供资金支持。2022 年，在一级市场中上海市医药行业共获 242 亿元融资，位列全国第一。在药物研发成果方面，2022 年上海市共有 4 项 Ⅰ 类国产创新药获准，位列全国第一，9 项 Ⅲ 类创新医疗器械获准，位列全国第二。2022 年，上海市生物医药产业规模达 8537 亿元，在全国占比超三成。当前，上海市已聚集千余家生物医药企业、100 多个专业服务平台，构建了覆盖上游、中游、下游的“全品类、全链条”

产业格局。

上海市新能源汽车产业蓬勃发展。中国新能源汽车产业在“换道超车”的历史潮流中，上海市凭借深厚的产业基础，良好的营商环境，以及上汽集团、特斯拉等龙头车企的加持，驶入发展的快车道。2023年上海市新能源汽车推广数量达35.4万辆，保有量达到128.8万辆，排名全球城市第一；新能源汽车产业产值比上年增长32.1%；到2025年，上海市新能源汽车制造业产值力争达到3500亿元。纯电动汽车和燃料电池汽车比重进一步提升，推动重点汽车制造企业加速向战略性新兴产业企业转型，促进新能源汽车产业高质量发展。

为进一步提升上海市特色产业园区创新突破和示范引领作用，强化特色产业集聚和产业生态培育，上海市政府于2023年发布了《上海市特色产业园区高质量发展行动方案（2024—2026年）》，以集群化发展强化行动、园区创新能级提升行动、要素供给优化配置行动、园区主体赋能增效行动、政策创新增能行动等为重点任务，聚焦特色产业方向，提升产业特色化和品牌化，布局和发展先导产业、重点产业、新赛道产业和未来产业。到2026年，实现全市特色产业园区达到60个，集聚高新技术企业和专精特新中小企业5500家左右，国家级和市级创新研发机构达到360家以上，规上工业总产值突破万亿元的目标。

三、专精特新中小企业

截至2023年底，上海市已累计培育创新型中小企业超2万家、市级专精特新中小企业超1万家，国家专精特新“小巨人”企业685家，主要分布在制造业、软件信息服务业和科技服务业，其中200多家企业股权融资超过1亿元。上海市专精特新中小企业平均营业收入1.5亿元，近两年平均增长率13.5%，净利润率4.49%；企业专注于基础产品和技术的研发制造，形成了具有强大竞争力的谱系化产品。2023 年，上海市 A 股上市企业共 26 家，专精特新企业达 15 家，占比 57.7%；上海市已累计有 158 家专精特新企业在 A 股上市。

上海市政府对专精特新中小企业的发展进行了充分的政策和财税支持。政策方面，2022 年 1 月，上海市发布了《关于推进知识产权服务“专精特新”中小企业高质量发展的工作方案》，加大对“专精特新”中小企业的知识产权服务力度，帮助其提升知识产权能力水平，实现高质量发展；2023 年 5 月，上海市出台“中小企业 28 条”，实施创新发展、转型发展、融通发展、金融赋能、纾困支持和精准服务等六项专项服务行动；2023 年 12 月，《浦东新区小微企业法律帮扶若干规定（试行）》发布，加大法律帮扶供给，提高小型和微型企业合规经营能力，更好保障小微企业合法权益，优化法治化营商环境。财税方面，上海市落实中央财政资金，重点支持 123 家专精特新“小巨人”企业；市中小企业发展专项资金累计对 6300 家次“专精特新”企业信用贷款给予贴息，为首批 467 家制造业专精特新中小企业提供数字化诊断服务；各区对专精特新中小企业和专精特新“小巨人”企业实现奖励全覆盖。

上海市将运用互联网思维，加强大数据、大模型分析，重点实施新质生产力培育、经济能级跃升、产业生态优化、企业服务升级和开放合作携手“五大行动”，用好重点企业“服务包”，培育世界一流企业，拿出扎实有力的举措，切实推进上海市中小企业走专精特新发展道路。

四、上海市产业基础对全国主导产业链畅通发展的支撑作用

长三角地区不仅是国内关键的经济增长极，也是对外开放的重要窗口和国际竞争的新高地。长三角地区是我国产业链供应链链上企业的高度集聚区，拥有雄厚的经济基础和完善的产业体系。长三

角地区通过紧密的区域协作与创新驱动，已经形成了以高新技术产业、先进制造业和现代服务业为主导的格局，产业链上中下游较为畅通，产业基础领域企业配套能力与协作能力持续增强，整机主机企业和配套企业协同发展。

上海市在其中发挥着中心和主导作用。人工智能产业是具有代表性的范例，2022 年上海市人工智能产业规模突破 3800 亿元，占比超过全国 70%，相关注册企业超过 2000 家，上游环节分布有芯片制造企业和提供算力平台的关键企业，下游环节分布有行业解决方案提供商和产品服务提供商，对全国人工智能产业链的支撑作用日益增强。上海市吸引人工智能产业链优势企业集聚超 1000 家，涵盖基础层、技术层、产品层、应用层全栈产业链，“4+X”“人”字型产业布局（张江、西岸、马桥、临港等）进一步深化；上海市人工智能产业投资基金撬动千亿元社会资本，启动新赛道子基金募资，中行、浦发等银团创新设立百亿信贷创新支持工具，工行等 5 家银行发布 650 亿元助企纾困授信额度。2023 年，上海市已初步形成了“一平台、五中心”的智算中心发展格局，5 大智算中心开始逐步投产，其中 3 家聚焦人工智能产业。

上海市持续发力产业创新，加强供应链自主可控能力，提升产业基础对全国产业链畅通发展的支撑能力。上海市先后实施工业强基、基础再造工程，围绕“五基”领域，推进多个专项行动，攻克一批基础短板和瓶颈；集成电路、智能传感器 2 个国家制造业创新中心落户上海市，建设超导、船舶动力等 10 家市级制造业创新中心；同时，发挥企业创新主体作用，形成以 100 家国家级为引领、915 家市级为骨干、2000 余家区级为支撑的企业技术中心三级创新网络。

上海市通过优化“政府有为、专班推进”，构建起部门联动、政企合作、专家指导的有效机制，推动工业强基和产业基础再造工程深入实施，加速产业链供应链协同进程。成立由市领导担任组长的产业基础再造工程工作专班领导小组，根据国家组织实施的有关国产 EDA、国产集成电路核心装备、汽车电子芯片等 14 条重点产业链高质量发展行动的计划安排，每条产业链设立一个市级层面攻关小组，由上海市经济和信息化委员会牵头，会同各委办局共同推进实施。其中，10家上海市本地企业、9家在沪央企共同承担了21项重点攻关任务，是国家先进制造业发展的重要“一极”。

在工业软件方面，上海市作为我国集成电路产业的一面旗帜，正聚力构建EDA生态。在《新时期促进上海市集成电路产业和软件产业高质量发展的若干政策》中明确提出“实施EDA生态建设专项行动，组织开展EDA软件技术攻关，支持有条件的企业由点到面实现全流程EDA工具突破”。上海市积极鼓励国内EDA企业充分参与市场化竞争，加强EDA上下游的垂直共建，打通EDA产业内外循环，促进EDA产业生态建设，推进EDA国产化进程。当前，上海市已聚集了概伦电子、国微思尔芯、芯和半导体、立芯软件、阿卡思微、瞬曜电子、合见工软、伴芯科技、九霄智能等EDA公司，构建了EDA产业高地。

在新能源汽车方面，汽车芯片是落实“软件定义汽车、场景创造价值、数据决定体验”造车新理念的关键，而目前我国车规级芯片仍高度依赖海外供应链，本土企业与领先者在一些技术环节存在代际差。因此汽车芯片产业的突破将是国产汽车做大做强“必须迈过的一道坎”。上海市依托汽车产业和集成电路产业的良好工业基础，积极探索“车芯联动”新模式，形成了完整的汽车芯片供应链本土化推进机制，通过“揭榜挂帅”针对高端汽车芯片需求进行技术攻关，建设车规级芯片研发中试生产线以降低上下游协同成本，推动成立芯片检测认证实验室，积极提升上海市汽车芯片的技术创新硬核力、场景应用支撑力及产业竞争软实力。

上海市发布《上海市先进制造业发展“十四五”规划》，旨在推动产业基础高级化、产业链现代化，提升产业链供应链稳定性。规划中提出了发挥制造业重点区域和龙头企业的带动效应，促进大中小企业融通发展，加快集聚各类创新资源、上下游协同企业，提升集群服务组织能力水平，建设高端产业集群，形成产业链竞争的新优势，强化上海市产业基础对全国主导产业链畅通发展的支撑作用。

第十六章

上海市产业基础高级化的典型经验

一、用好政府的有为之手，财政金融产业等政策集中投放

上海市制造业在我国的工业体系中承担着重要的角色，始终为国民经济建设和发展发挥着积极的作用，具有雄厚的产业基础和制造业底蕴。自“十三五”以来，在政府科学、精准、有效的引导下，上海市以战略性新兴产业为主，响应“制造强国”战略，加快推进科技进步和技术创新，全方位驱动产业升级，在先进制造业领域取得突破性进展，国际竞争力日渐强大。

上海市产业政策精准定位、统筹兼顾，在全国范围内具有前瞻性和示范性，为推动产业发展和经济高质量发展发挥了重要的引领作用。2017 年，上海市发布了全国首个省市级工业强基文件《上海市工业强基工程实施方案（2017—2020）》，组织编制了《上海市工业“四基”发展目录（2017—2020）》，并设立工业强基专项资金。2020 年，上海市启动了对产业基础再造工程推进方案的深化研究，围绕贯彻落实习近平总书记在中央财经委员会第五次会议上，首次

提出的提升产业基础能力和产业链水平的重要论断，以及会议关于实施产业基础再造工程的战略部署，制定发布《产业基础再造工程上海方案（2020—2023）》，创新性提出了实施标准与检测检验系统这一产业基础的系统攻关行动，进一步加强高端产业引领功能，在国际竞争中掌握话语权和主动权。同时上海市不断优化“政府有为、专班推进”，构建部门联动、政企合作、要素聚集的有效机制，推动工业强基和产业基础再造工程深入实施，经信委印发《上海市产业技术创新和产业基础能力提升“十四五”规划》，协调资金、人才、政策等各类资源要素聚焦支持产业基础领域，为深耕产业基础的企业注入更多动力。

产业财税政策协同推进、加强资本引导。上海市对于产业基础重点攻关领域和薄弱环节予以资金支持，积极推动财政与税收政策协同，广泛引导社会资本参与基础设施建设等领域，建立健全财政监督机制，加强财税政策与产业政策的协同配合。2020 年，上海市经信委、财政局设立专项资金，聚焦重点企业、重点项目，力争实现集成电路、人工智能、生物医药三大先导产业创新突破，着力打造电子信息、汽车、高端装备、先进材料、生命健康、时尚消费品等重点产业中具有国际竞争力的高端产业集群。政府与市场形成良性互动，在产业基础高级化中发挥着规划引导、政策支持、监管保障等重要作用。

产业金融政策实施转型、加速落地。聚焦标志性产业链布局，加大金融创新供给，更好地服务实体经济。2023 年，《上海市特色产业园区高质量发展行动方案（2024—2026 年）》发布，支持园区开发运营主体通过挂牌上市、银行信贷、债券发行、信托保险等方式拓展融资渠道，引导金融市场和社会资本加大投入力度，支持园区项目建设，促进“基金+基地”联动发展。2024 年，上海市委金融办会同中国人民银行上海总部、国家金融监管总局上海监管局、市发展改革委等部门，联合印发《上海市转型金融目录（试行）》，将水上运输业、黑色金属冶炼和压延加工业、石油加工业、化学原料及化学制品制造业、汽车制造业和航空运输业等六大行业纳入首批上海市转型金融目录支持行业。

二、用好院士专家的智力资源，精准靶向布局

上海市是我国高科技重镇和人才聚集地，拥有丰富的高校资源和良好的科研环境。2023 年增选后，含两院新当选院士，人事关系在上海市的院士共 187 位，占比 21.42%，其中中国科学院院士 108 位，中国工程院院士 79 位，为上海市科技创新和产业发展提供了强有力的支撑，进一步巩固了上海市在国家科技创新体系中的重要地位。

依托重大课题，设计总体方案。上海市充分发挥院士专家的智力资源，通过科技与人才双轮驱动，聚焦产业基础高级化，不断推进技术攻关实现突破。2016 年，上海市在积极贯彻落实制造强国发展战略的基础上，进一步加强深入调研，对接工业和信息化部、中国工程院，启动《上海市工业强基策略选择与方案设计研究》重大课题，成立由林忠钦、王曦、邬贺铨等多名院士带领的专家课题组，针对上海市新一代信息技术、智能制造、生物医药与高性能医疗器械、航空航天装备、海洋工程及高技术船舶、新能源与智能网联汽车、电力装备和新材料等八大重点领域中的产业基础问题进行分析，形成"8+1"（8 个子课题、1 个总报告）研究报告，为上海市推动工业强基工程提供理论依据和发展路径。

成立专家委员会，加速创新成果转化。2021 年，上海市产业基础再造战略咨询委员会成立，为相关决策、政策制定和重点任务提供智力支撑，由两位中国工程院院士担任委员会主任，确保顶层路径稳步实施，开展重点领域安全评估，梳理形成三级 225 项重点领域关键技术、665 项关键产业链环节，引导企业开展布局攻关。同年，为加快建设具有全球影响力的科技创新中心，深入实施创新驱动发展战略，中国工程院与上海市人民政府共同建设成立中国工程院院士专家成果展示与转化中心，进一步强化上海市科技创新策源和高端产业引领的功能，面向全球科技前沿、国家重大需求，全方位助

力疏通基础研究、应用研究与产业化链条，聚焦产业基础领域打好关键核心技术攻坚战，加速推动院士专家科技创新成果在上海市落地转化。

召开产业技术大会，交流最新研究成果。2022 年，以“创新主引擎 发展新动能”为主题的上海市产业技术创新大会召开，中国工程院副院长钟志华院士作主旨演讲，全面分析我国产业链供应链发展现状，深入剖析影响供应链畅通的主要因素，强调要认识到产业生态是提升产业链供应链稳定性的重要保障，产业基础是确保我国产业链供应链安全的重要支撑。中国工程院院士庄松林聚焦光学技术领域作主旨演讲，详细介绍光学技术在制造、环境、安全、医学、通信等领域的应用，指出超精密光学制造是先进制造技术的基础和关键，需进一步推进高性能光谱仪器及高精度关键元器件的研制与工程化开发，打破国外技术和产品的垄断。中国工程院院士黄崇祺与上海市超导制造业创新中心组成创新联合体，面向全球科技前沿和市场需求，立足国家重大战略，强化问题导向下的应用基础研究，为发展技术引领能力提供支撑。

三、以高新技术创新为牵引，突破关键“卡脖子”产品和技术

突破关键“卡脖子”产品和技术是产业基础高级化的关键。上海市始终坚持创新驱动发展，补齐产业链短板，围绕产业基础领域加大前沿技术研发投入和关键“卡脖子”产品和技术攻关支持力度，积极引进和培育高新技术企业，强调产业链整体优化和协同发展，为实现产业基础高级化和经济高质量发展提供有力支撑，推动产业发展迈向高级化、智能化、绿色化道路。

强化企业创新主体地位。上海市支持全国领军企业在沪设立创

新型企业总部，鼓励创新型企业总部通过提供研发场所、设施设备，充分发挥人才、技术、资金、数据等优势，支持其发展为集研发、转化、结算功能为一体的复合型研发总部；进一步完善科技创新政策体系，加大对创新型企业总部的支持力度，为其提供更多的政策优惠和资金支持；引导鼓励企业积极参与国际科技合作和交流，拓展全球创新资源，提高在国际科技创新领域的影响力和竞争力。

上海市鼓励企业的研发机构通过并购重组方式，提升创新创造能力，在张江、临港新片区进行试点，对符合条件的并购方企业给予按并购交易额的5%、最高500万元的支持。同时，支持各类科技计划项目和创新资源要素重点向企业研发机构倾斜，始终坚持强化企业创新主体地位，支持企业开展技术研发和产业化活动。

产业链上下游协同推进。上海市围绕产业链部署创新链，围绕创新链打造产业链，优化产业链和创新链布局，凝聚产业创新策源力，提升产业整体竞争力。支持发展一批链主型企业，发挥链主企业的牵引带动作用，汇集产业创新要素，带动产业链上下游协同发展。建立完善各区“链长制”工作机制，强化链式发展思路，由链长、秘书长单位、联合召集人、代表企业、领域专家协调解决产业链建设中的重要事项，连接疏通产业链中的“断点”“堵点”，促进以产业链为单位的跨企业、跨行业、跨区域、跨行政部门资源配置优化。集聚创新链产业链上下游的重点企业、研发机构和典型应用单位，在技术创新、标准认可、产品配套等方面协同发展，打造新型标准化技术组织，进一步壮大产业生态。

建立产学研联合体。上海市致力于搭建“验证-中试-孵化”融合链条，依托特色产业园区，加快企业、高校、研发机构集聚发展，建设特色产业园与大学科技园在研发攻关与产业化过程中的“双园”联动机制，承接高校成果产业化。超强超短激光实验装置、软X射线自由电子激光试验装置、转化医学设施等重大科学设施投入使用，中国科学院、复旦大学、上海交通大学提供扎实的理论技术、前瞻技术供给，对经认定的高新技术成果转化项目予以资金支持；对研究制定具有行业影响力的国际标准、知识产权等项目，给予不超过

200万元奖励，构建产学研联合体有效支持企业攻克“无人区”。

四、重点开展产业基础共性技术和公共服务平台建设

上海市产业基础共性技术和公共服务平台建设成效显著，累计建成2家国家级制造业创新中心、8家市级制造业创新中心、15个市级研发与转化功能型平台，各类企业技术创新中心超过3000家，累计培育8家产业技术基础公共服务平台，建设国内首个材料检测、制作评估、特种金属功能材料大数据库，机器人平台覆盖整机和零部件可靠性测试、性能测试，核电仪控平台成为我国核电全数字仪表控制系统技术孵化器。通过构筑产业基础创新载体，加速创新资源集聚，完善了上海市乃至全国范围内重点产业技术基础的体系架构。

上海市重点打造产业基础共性技术平台。依托产业基础现有优势，围绕先导产业和重点产业，通过政府引导、企业主体、市场化运作的方式，重点打造了一批产业基础共性技术平台，为相关产业提供关键共性技术支持，推动产业创新发展和转型升级。同时，加强平台间的协同创新和资源共享，形成优势互补、协同发展的良好格局。支持产业基础共性技术平台积极拓展应用领域和市场空间，通过加强与国内外相关产业和领域的合作与交流，推动平台技术的广泛应用和产业化进程，引导平台企业积极参与国际竞争与合作，提升上海市在全球产业链和价值链中的地位和影响力。

上海市公共服务平台建设为企业提供全方位支持。推进标准、检验检测、计量、认证等产业技术基础的完善，支持检验检测平台、计量测试、科技咨询、技术评估、技术转移、知识产权等研发产业化配套服务的发展。支持浦东新区、宝山区、普陀区、临港新片区、虹桥国际中央商务区等五个重点区域打造生产性互联网服务平台集聚区，充分发挥高端产业集聚和高水平改革开放引领优势，打造集

研发设计、供应链优化、企业服务为一体的服务平台，培育“精准化、快速化、轻量化”的数字化系统解决方案，为产业基础领域企业提供数字化、智能化、低碳化、集成化的全方位支持。

编写单位：上海市经济和信息化发展中心
编写人员：时炳臣、肖莉芳
审稿人：张宏韬